Yuval Lapide

Die schönsten Psalmen neu entdeckt

Yuval Lapide

Die schönsten Psalmen neu entdeckt

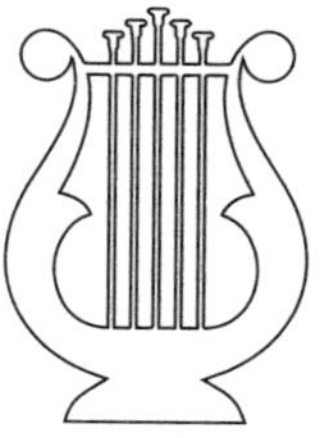

kbw bibelwerk

1. Auflage 2020

Gesamtgestaltung:
Weiß-Freiburg GmbH – Grafik und Buchgestaltung, Freiburg i. Br.
Umschlagmotiv: Shutterstock © Anna Poguliaeva, Harfe: Shutterstock © soponyono
Bildnachweis innen: S. 8, 29 © unsplash (Mariam Soliman); S. 25, 85, 149, 181 © robert-m/unsplash; S. 35, 47, 53, 107, 157 © unsplash (Robert Bye); S. 71, 77, 141 © unsplash (Patrick Schneider); S. 61, 173 © unsplash (Matt Lee); S. 115, 123, 133, 165 © unsplash (Dave Herring); S. 93, 99 © unsplash (Dan Gold), S. 190 © Autor (Yuval Lapide)

Hersteller gemäß ProdSG:
Druck und Bindung:
Finidr s.r.o., Lípová 1965, 737 01 Český Těšín, Tschechische Republik

Verlag: Verlag Katholisches Bibelwerk GmbH,
Deckerstraße 39, 70372 Stuttgart

www.bibelwerkverlag.de
ISBN 978-3-460-32200-4

Inhalt

Die biblischen Psalmen –
ein intensives Zwiegespräch
zwischen dem Beter und
seinem Schöpfer

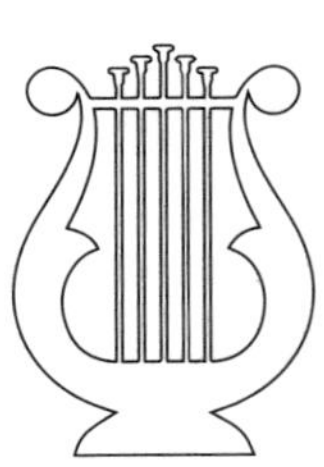

Widmung

4 Damals war Debora, eine Prophetin, die Frau des
Lappidot, Richterin in Israel. **5** Sie hatte ihren Sitz
unter der Debora-Palme zwischen Rama und Bet-El
im Gebirge Efraim und die Israeliten kamen zu ihr
hinauf, um sich Recht sprechen zu lassen. **6** Sie sandte
hin, rief Barak, den Sohn Abinoams aus Kedesch-
Naftali, herbei und sagte zu ihm: Befiehlt der HERR, der
Gott Israels, nicht: Geh hin, zieh auf den Berg Tabor
und nimm zehntausend Mann von den Naftalitern und
den Sebulonitern mit dir? [...] **8** Barak sagte zu ihr:
Wenn du mit mir gehst, werde ich gehen; wenn du aber
nicht mit mir gehst, werde ich nicht gehen. **9** Sie sagte:
Ja, ich gehe mit dir; aber der Ruhm wird auf dem Weg,
den du gehen wirst, dann nicht dir zuteil, sondern in die
Hand einer Frau wird der HERR Sisera ausliefern. Und
Debora machte sich auf und ging zusammen mit Barak
nach Kedesch. [...] **1** Debora und Barak, der Sohn
Abinoams, sangen an jenem Tag dieses Lied: **2** Dass
Führer Israel führten und das Volk sich bereit zeigte,
dafür preist den HERRN! Hört, ihr Könige, horcht auf,
ihr Fürsten! Ich will für den HERRN, ich will singen, für
den HERRN, den Gott Israels, spielen. [...] **7** Bewohner
des offenen Landes gab es nicht mehr, es gab sie nicht
mehr in Israel, bis du dich erhobst, Debora, bis du dich
erhobst, Mutter in Israel.

Das Buch der Richter aus den Kapiteln Kapitel 4 und 5

In großer Dankbarkeit, Freude und Anerkennung widme ich dieses meditative Auslegungswerk zu den Psalmen meiner geliebten, teuren und treuen Gattin Debora, deren Name sich in der biblisch-hebräischen Etymologie aus dem Wort DAWAR ableitet. Das Wort DAWAR umfasst die Handlungskette von *Wort*, *Sinn*, *Kraft* und *Tat* (Johann-Wolfgang Goethe). Gemäß ihrem großen biblischen Vorbild, der Richterin Debora, die gleich König David ein großes poetisches Loblied auf den Gott Israels im Kapitel 5 des Buches der Richter hinterließ, versteht es meine Gattin Debora vorzüglich, Prosa und Poesie der Heiligen Schrift mit mir gemeinsam zu reflektieren und zu interpretieren.

Weg-weisende Gedanken zum Umgang mit den Lobgesängen König Davids aus jüdischer Sicht

Wie kein anderes Werk der Heiligen Schrift des Ersten Testaments bilden die 150 Psalmen eine *Sammlung* tiefer *Seelenbekenntnisse* eines großen Mannes im alten biblischen Israel. Nach jüdischer Tradition werden alle 150 Psalmen dem weisen König David, dem zweiten König des Großreiches Israel und Judäa, zugeordnet. Dieses große biblisch-jüdische Werk ist und bleibt von zeitloser Authentizität und Aktualität. Wiewohl es aus spezifischen historischen Umständen aus dem Leben des Verfassers entstanden ist, strahlt es trotz dieser Zeitgebundenheit, bedingt durch die religiös-spirituelle Reflexionstiefe des großen Verfassers, gehaltvolle Aussagen und Schlussfolgerungen aus, die sich zu einem unsterblichen Vermächtnis der Menschheit entwickeln durften. Zur Vertiefung des Verständnisses der davidischen Psalmen ist es aus theologisch-historiographischer Hinsicht ratsam, die drei relevanten Bücher, Erstes Buch Samuel, Zweites Buch Samuel und Erstes Buch der Chronik, als Zusatzlektüre heranzuziehen, damit auch das nötige Hintergrundwissen aus dem Leben Davids angeeignet wird. David, der *geliebte* und berufene Mann Gottes, gesalbter, noch nicht regierender als auch später regierender König, spricht und berichtet dem Leser aus seinen lebensgeschichtlichen Erfahrungen mit Feinden und Freunden. Diese Zeit umfasst sowohl seine schmerzhaften Verfolgungsjahre durch Saul, den ersten König Israels, als auch seine eigene ruhmreiche Amtszeit als herrschender König über das vereinigte Königreich Israel und Judäa. Aus all den sehr irdischen Erlebnissen mit den mannigfaltigen Bezugspersonen seines Lebens sprüht dem aufmerksamen Leser unentwegt der unerschütterliche, stets wachsende Glaube an den ihn führenden und weg-weisenden Gott seines Vertrauens entgegen.

Das Charakteristikum der uns tradierten 150 Lobgesänge besteht darin, dass ihr Autor aus handfesten, existenziellen Konflikten, Konfrontationen und Kämpfen, aber auch aus beglückenden Siegeserfahrungen, die unvermeidliche theologische Quintessenz zu ziehen und zu erzählen vermag. Jeder einzelne Psalm vermittelt dem Leser eine punktuelle *seelische Bestandsaufnahme* des Verfassers aus seiner je konkreten Lebenssituation mit ihren typischen Assoziationen, Impulsen, Hoffnungen, Gewissheiten und Schlussfolgerungen. Jeder Psalm lebt von der *Originalität und Spontanität des Augenblicks*, in welchem der königliche Verfasser sich anschickte, ihn zu formulieren und der Öffentlichkeit mündlich mitzuteilen. Keiner der uns vorliegenden Psalmen wurde vor seiner mündlichen Entstehung intellektuell-kognitiv vorbearbeitet oder schriftstellerisch konzipiert. Alle weisen durch ihre unkonventionelle, situationsspezifische und unstrukturierte sprachliche Gestaltung auf ihren spontanen Entstehungscharakter hin. In jedem Psalm nimmt sich der Dichter die Freiheit, seine spontan aufkommenden Gedanken und Gefühle in assoziativer Ungezwungenheit und Formfreiheit auszudrücken.

Dabei dürfen jedwede Gedanken und Gefühle dichterischen Raum einnehmen: einerseits Beteuerungen ekstatischer Begeisterung und Faszination, andererseits Bekundungen von Enttäuschung, Schmerz und Abgetrenntheit. Pointiert ausgedrückt lässt sich aussagen, dass innerhalb des psalmischen Korpus alle sprachlichen Ausdrucksmittel erlaubt sind, die der lebendigen, beweg-ten und be-weg-enden Seele des Dichters in der konkreten Situation entspringen und nach Selbstmitteilung drängen. Keine statisch-starren sprachlichen Gestaltungsmittel sollen den Dichter einengen – der stilistisch uneingeschränkte und unkontrollierte Selbstausdruck hat alleinige Priorität.

Der Leser ist aufgefordert, sich von der je eigenen geistig-seelischen Kraft und Vitalität der betrachteten psalmischen Erzählung so ungezwungen und unkontrolliert wie nur möglich inspirieren zu lassen. Ohne vorgefertigte intellektuelle Deutungsmuster gilt es, sich von der sprachlichen Anziehungskraft und der theologischen Ausstrahlung des Psalms inspirieren zu lassen. Je unvoreingenommener der Leser Ausdruck für Ausdruck, Satz für Satz und Abschnitt für Abschnitt dem Wortlaut des Dichters folgt, desto mehr überträgt sich dessen Geisteshaltung auf den Leser; und desto deutlicher nimmt er die eingearbeitete Botschaft in sich auf. Die Psalmen rühren aus den mächtigen, unkontrollierbaren Schwingungen und Schwankungen der menschlichen Seele des Dichters her. *So kann der Leser seine eigene Seele mit ihren je eigenen Schwingungen und Schwankungen mit denen des Autors in Übereinstimmung bringen.* Je geübter und vertrauter der Leser mit dieser unvoreingenommenen und erwartungsfreien Herangehensweise an die Welt der Psalmen umgeht, umso dynamischer und eindringlicher wird ihn der Fluss des Psalms *mitreißen.* In der Tat entfalten die jüdischen Psalmen ihre hohe Anziehungskraft und ihr hohes Identifikationspotenzial durch ein offenes Sich-hinein-nehmen-Lassen in die tiefen Weisheiten eines gläubigen jüdischen Mannes. Dieser gläubige jüdische Mann öffnet *die Fenster seiner Seele weit,* um zeitübergreifend seine innersten menschlichen Regungen und Bewegungen mitzuteilen.

Thematisch umfassen die Psalmen die vielfältigen Aspekte menschlichen Lebens im Spannungsfeld des Individuums in der Begegnung mit der ihn umgebenden Gesellschaft. Der Dichter versteht es meisterhaft, die polaren Aspekte menschlichen Lebens zur Sprache zu bringen und aus ihnen eine ganzheitliche Synthese zu kreieren – Krieg und Frieden, Freude und Trauer, Anspannung und Entspannung, Isolation und Gemeinschaft, Schmerz und Trost, vermeintliche Gottverlassenheit und tiefste Gottverbundenheit, Schrei aus tiefster Not und Lob in ekstatischem Enthusiasmus. All diese urmenschlichen Facetten eines gläubigen Lebens auf Erden bekommen sprachlichen Ausdruck und integrative *Verganzheitlichung* in der Deutung des Autors. Die biblischen Psalmen sind nicht nach festgelegten Kriterien geordnet, sondern in loser Reihenfolge zusammengetragen. Sie sind so, wie sie der dichtende Meister während ihrer Entstehungsphase formuliert und der Nachwelt hinterlassen hat. Wieder ist es dieser Mangel an Ordnungskriterien, der den besonderen Reiz der grandiosen Lobgesänge ausmacht, spiegelt er doch die allzu menschlich-wechselhafte Geistesverfassung und Unbeständigkeit von Gedanken und Gefühlen. Die biblischen Psalmen wollen nicht nur einmal gelesen und verstanden werden, sondern leben davon, *regelmäßig wiederkehrend, meditativ in Besinnung und Andacht tief inhaliert zu werden.* Hilfreich ist es, jeden erstmalig gelesenen Satz mehrfach zu lesen – vorzugsweise laut auszusprechen, sei es im Alleinsein, sei es in Gemeinschaft mit Gleichgesinnten. Bei wiederholter Lesung ist es empfehlenswert, die Betonung einzelner Verselemente unterschiedlich zu gestalten. Das heißt, *der persönlich-individuellen Gewichtung der spezifischen Ausdrücke* Präferenz zu geben. Zum Beispiel Psalm 23,1: „Der HERR ist mein Hirt, nichts wird mir fehlen – Der HERR ist mein Hirt, nichts wird mir fehlen – Der HERR ist mein Hirt, nichts wird mir fehlen –

Der Herr ist mein Hirt, nichts wird mir fehlen". Dadurch vermögen die davidischen Psalmen von der reinen Kopfebene in die gewünschte Herzebene zu gelangen, um dort ihre belebende, reinigende und heilende Wirkung zu entfalten. Laut bewährter jüdischer Tradition erlebt der Betende im Laufe seiner geduldigen Gebetspraxis *das Phänomen der spirituellen Vereinigung mit den gebeteten Texten.* Er erlebt sich nicht mehr als Beter, der die vor ihm liegenden, räumlich getrennten Gebete spricht und meditiert, *sondern er wird EINS mit den Gebeten* – er selbst wird zu einem lebendigen Gebet im Angesicht seines Gottes. Einen deutlichen Hinweis hierzu liefert Psalm 109, Vers 4, der in der deutschen Übertragung lautet: „Sie klagen mich an für meine Liebe, ich aber bete." Gemäß dem hebräischem Original müsste der Text korrekterweise übersetzt werden mit: „Sie klagen mich an für meine Liebe – ich aber bin Gebet."

Diese *spirituell-religiöse Vereinigung* von Beter und Gebet ist als die höchste Stufe der persönlichen Befassung mit den Psalmen einzustufen. Psalmen laden sowohl zu persönlicher Zwiesprache mit dem in ihnen gesprochenen Wort ein als auch zur Zwiesprache mit ihrem stets wiederkehrenden zentralen Adressaten – dem Gott der Schöpfung. Jeder Leser wird stark davon profitieren, den mehrfach gelesenen und individuell sprachlich fokussierten Psalmentext nach dessen Meditation in seinen je eigenen Worten ungezwungen schriftlich zu rekapitulieren und somit zu personalisieren.

Der meditierte Psalm wird bei dieser kontinuierlichen Schreib-Praxis noch stärker zum festen Bestandteil der eigenen Glaubens-Identität des Beters. Die in diesem Buch zusammengetragenen jüdisch-tiefsinnigen Deutungen ausgewählter Psalmen sollen zur beabsichtigten Vereinigung von Gebet und Beter einen wichtigen Impuls geben.

Der Verfasser hofft sehr, dass die Leser und Beter in dem Schatz der jahrhundertealten psalmischen Gedichte individuelle Perlen zur eigenen Glaubensvertiefung und Glaubenserweiterung finden.

Der Verfasser der vorliegenden meditativen Auslegungen freut sich zu den von ihm verfassten Texten über jede Frage, Anregung und Kommentar interessierter Leser an seine E-Mail-Adresse:

info@yuvallapide.de

Brief an König David

Lieber König David, Freund, Bruder und Lehrer,

du kannst dir gar nicht vorstellen, wie dankbar ich bin, den spontanen Entschluss gefasst zu haben, dir einen Brief aus der Tiefe meines Herzens zu schreiben. Ich habe eben mein Werk – eine Sammlung tiefgründiger Auslegungen zu ausgewählten Psalmen deines großen Psalters – mit großer Freude und Genugtuung abgeschlossen. Noch nie in meinem Leben habe ich mich mit der Welt deiner faszinierenden Psalmen derart intensiv, emotional als auch mental, befasst. Während der Bearbeitung eines jeden deiner Psalmen, den ich zur Grundlage meiner Auslegung herangezogen habe, habe ich dich, großer, weiser König, unentwegt vor meinem geistigen Auge gesehen. Ich darf dir mitteilen, dass ich aufgrund meiner ausgezeichneten, muttersprachlichen Kenntnisse deiner bibelhebräischen Formulierungen und als ein ebenfalls im Heiligen Land in Jerusalem geborener und aufgewachsener Jude deine orientalische Spontanität und geistige Kreativität sehr gut aus meiner eigenen schriftstellerischen Produktivität kenne. Deine sprühend-leidenschaftliche Beziehung zu unserem gemeinsamen Gott hat mich spürbar angesteckt, wofür ich dir nicht genug danken kann!

Mit dem Brustton der Überzeugung von Jude zu Jude und von Israelit zu Israelit will ich dir mitteilen, dass ich dich noch nie in meinem Leben so fundiert verstanden habe wie in der nunmehr abgeschlossenen Phase der Auslegung deiner gewaltigen Psalmen. In meiner großen Freude und Faszination möchte ich dich wissen lassen, wie sehr ich deinen lebenslangen Prozess der Beziehungsgestaltung mit unserem Gott aufmerksam begleitet habe. Ich habe mich im Rahmen meiner Auslegungen deiner Lobeslieder intensiv mit deinen spirituellen Herausforderungen, Krisen, Ängsten und Siegen identifiziert. Oft kam es mir vor, als ob ich jede deiner Herausforderungen, Ängste, Zweifel und krönenden Siegeserfahrungen in meiner Seele nach-erfahren durfte. So wurde die Beschäftigung mit deinem großen Werk zu meiner Reifungs- und Wachstumserfahrung. Meine ganzheitliche Identifikation mit dir und deinem turbulenten Leben hat mir deutlich gezeigt, wie stark sich deine grandiosen Psalmen als persönliches Vademecum für jeden entwicklungs- und wachstumshungrigen, gläubigen Menschen eignen. Deine Psalmen-Hinterlassenschaft hat mich verwandelt, habe ich doch durch sie meine Nähe zu unserem Gott der Neugestaltung, Bewusstseinserweiterung und Verwandlung vertiefen dürfen. Diese beglückende und immens reiche Gottesbegegnung ist das Ergebnis eines inneren Prozesses, den du in mir ausgelöst hast und der in mir weiterwirken wird. Wer sich ernsthaft mit deinem unsterblichen Lebenswerk befasst, initiiert einen lebenslangen Prozess der Persönlichkeitstransformation, der erst mit dem eigenen Tode zu seinem endgültigen

Ziel gelangt. Ich fühle mich zutiefst verpflichtet, meine gewonnenen Erkenntnisse aus deinen Psalmen einer überwiegend nichtjüdischen, nichtorientalischen Leserschaft zu deren dauerhafter Bereicherung auf profunde Weise zu präsentieren. David, mein geliebter Freund und Lehrer, deine einmaligen theologischen und lobpreisbezogenen Leistungen in den Psalmen, die ich meiner geschätzten christlichen Leserschaft unterbreite, leben heute mehr denn je im Bewusstsein der Menschheit weiter. Insbesondere in unserer gegenwärtigen, von seelischer Zerrissenheit und geistiger Orientierungslosigkeit stigmatisierten Zeit, bilden sie einen neu entdeckten, spirituellen Leitfaden unschätzbaren Wertes.

Gleich deiner Verkündigung zur Zeit deiner Regentschaft am Königshof zu Jerusalem rufe ich meinen Lesern und Leserinnen enthusiastisch gemäß deinem Psalm 119, Verse 105 und 171 zu: „Dein Wort ist meinem Fuß eine Leuchte, ein Licht für meine Pfade. Meine Lippen sollen überströmen von Lobpreis, denn du lehrst mich deine Gesetze" des Lebens.

Dein Yuval, Sohn des Pinchas – dein Freund, Bruder und Schüler

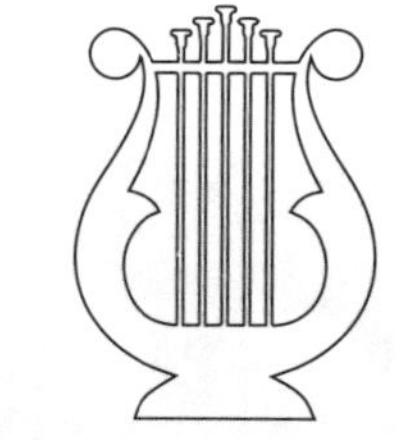

1 Weisung zur Wahl des rechten Weges

Weisung zur Wahl des rechten Weges

1 Selig der Mann, der nicht nach dem Rat der Frevler
geht, nicht auf dem Weg der Sünder steht, nicht im
Kreis der Spötter sitzt, **2** sondern sein Gefallen hat
an der Weisung des HERRN, bei Tag und bei Nacht
über seine Weisung nachsinnt. **3** Er ist wie ein Baum,
gepflanzt an Bächen voll Wasser, der zur rechten Zeit
seine Frucht bringt und dessen Blätter nicht welken.
Alles, was er tut, es wird ihm gelingen. **4** Nicht so die
Frevler: Sie sind wie Spreu, die der Wind verweht.
5 Darum werden die Frevler im Gericht nicht bestehen
noch die Sünder in der Gemeinde der Gerechten.
6 Denn der HERR kennt den Weg der Gerechten, der
Weg der Frevler aber verliert sich.

Der erste Psalm der großen jüdischen Psalmensammlung der Heiligen Schrift bestimmt in seiner realistischen Nüchternheit und Sachlichkeit die Grundhaltung des gesamten Psalmenwerkes – die Voraussetzung für eine gelingende Weggemeinschaft mit Gott auf Erden. Über die scharfe Kontrastierung zwischen dem gottfernen Sünder und dem gottnahen Gerechten konfrontiert uns der große Psalmendichter König David mit den zwei wegbestimmenden und entscheidenden Gesinnungs- und Handlungsoptionen im menschlichen Leben. Zwei Lebenskonzepte, die sich gegenseitig ausschließen, jedoch jeweils ein zentrales Charakteristikum einschließen: ein erfülltes sinnvolles Leben aus der Quelle der eigenen Existenz versus ein abgestorbenes sinnleeres Leben aus der Abtrennung von dieser lebensspendenden Quelle des Lebens. Der Verfasser zeichnet mittels der reichen Metaphorik der kraftvollen orientalischen Naturbilder von *Baum*, *Bächen*, *Wasser*, *Frucht*, *Blätter*, *Spreu* und *Wind, pflanzen*, *gelingen* und *welken*, den üppigen Reichtum eines gedeihenden Lebens mit dem Schöpfer auf der Grundlage der Beachtung seiner biblischen *Weisung* im Gegensatz zur Armut eines Lebens ohne Gott und seiner lebensspendenden *Weisung*. Dem Menschen, der sich *für* den Weg mit Gott entscheidet, *blüht* Fülle und innere Erfüllung. Dem Menschen, der sich für *die Sünde, den Frevel und den Spott* entscheidet, kurzum für ein Leben ohne Weg-Weisung unter Gott den Schöpfer, dem *blüht* der *sich verlierende* Weg, der Holzweg, der

Abgrund. Dem gottabgewandten Sünder wird, um ihn tüchtig zu desillusionieren, die Ausweglosigkeit seines gewählten haltlosen Lebens drastisch vor Augen geführt. Dem gottzentrierten Menschen hingegen wird der Lohn, der Segen seines gewählten Lebensweges präsentiert. Die Wahl des jeweiligen Lebensweges hat spürbare Folgen für den zur Entscheidung aufgerufenen Menschen. Folgen sowohl in der Beziehung zu Gott als auch in der Beziehung zu den Mitmenschen in der Gemeinschaft, in die sich der entscheidende Mensch einbindet. Um diese grundlegende Entscheidung im Leben eines jeden Menschen, so betont der Autor implizit, wird es in allen von ihm der Nachwelt geschenkten Psalmen gehen. Gott wird jeden Menschen in jeder irdischen Situation vor die kompromisslose Wahl zwischen Verbundenheit mit Ihm oder Abgetrenntheit von Ihm stellen. Der Verfasser, der aus eigener Erfahrung in seinem Leben mit Gott und der Gemeinschaft spricht, optiert mit Vehemenz *für* die Verbundenheit mit Gott dem Schöpfer. Der Verfasser weiß davon zu berichten, wie sehr ihn ein solches gottfokussiertes Leben erblüht und erfüllt hat. Er brennt danach, diese überaus reiche Lebenserfahrung in den Psalmen seines Werkes der Menschheit mitzuteilen, zu empfehlen und leidenschaftlich ans Herz zu legen.

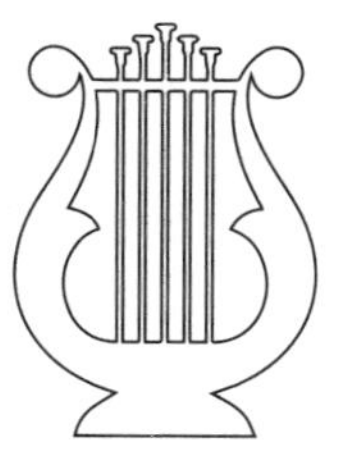

3
Hilferuf und Erhörung in Feindesnot am Morgen

Hilferuf und Erhörung in Feindesnot am Morgen

1 Ein Psalm Davids, als er vor seinem Sohn Abschalom
floh. **2** HERR, wie viele sind meine Bedränger; viele
stehen gegen mich auf. **3** Viele gibt es, die von mir
sagen: Er findet keine Hilfe bei Gott. [Sela] **4** Du
aber, HERR, bist ein Schild für mich, du bist meine
Ehre und erhebst mein Haupt. **5** Ich habe laut zum
HERRN gerufen; da gab er mir Antwort von seinem
heiligen Berg. [Sela] **6** Ich legte mich nieder und
schlief, ich erwachte, denn der HERR stützt mich.
7 Viele Tausende von Kriegern fürchte ich nicht, die
mich ringsum belagern. **8** HERR, steh auf, mein Gott,
bring mir Hilfe! Denn all meinen Feinden hast du den
Kiefer zerschmettert, hast den Frevlern die Zähne
zerbrochen. **9** Beim HERRN ist die Hilfe. Auf deinem
Volk ist dein Segen. [Sela]

Ein kurzer, aber mächtiger Psalm ist der dritte Psalm innerhalb der großen Psalmensammlung des jüdischen Königs David. Ein dichterisches Kleinod für sich, in welchem der innig gottverbundene König seine tiefen Gedanken und Gefühle der Menschheit gegenüber freimütig offenbart. Gleich zu Beginn lässt uns der Verfasser wissen, dass sich seine bewegenden Selbstmitteilungen aus seinen biographischen Erfahrungen speisen. Wir können sie in den beiden prophetischen Büchern, Erstes und Zweites Buch Samuel, gut dokumentiert und detailliert vorfinden. Vor Antritt seines Königsamtes über Judäa und Israel musste der werdende König viele bittere Verfolgungen und Verletzungen durch seine eigenen Familienangehörigen und gehässigen Rivalen auf schmerzhafte Weise ertragen. Auch während seiner Königszeit über das vereinigte jüdische Königreich blieben dem Monarchen Intrigen und Spannungen mit internen und externen Gegnern nicht aus. Gegen ihn rebellierte Abschalom und er vertrieb ihn kriegerisch aus dem Königspalast. Abschalom, der sein eigener sehr geliebter Sohn war, wurde zu einem seiner größten Widersacher. Aus jener Zeit datiert unser Psalm, in welchem der Dichter über seine Erniedrigung, seine Verfolgung und seine unerschütterliche Hoffnung spricht. Die Größe dieses Verfolgungspsalms besteht in der unumwundenen Offenlegung der bitteren Not des bedrängten Königs. Der Psalmist verschafft sich Erleichterung in der äußeren Bedrängnis durch seine beherzte und kraftvolle Hinwendung zur nie versiegenden Quelle der Hilfe und Anhörung – dem Gott seiner Väter und dem Gott seiner persönlichen Berufung und Begleitung. Alles darf in der Not vor dem allgegenwärtigen und allverständigen Gott ausgesprochen werden. Der Schmerz über die militärische Macht des Gegners darf schonungslos kontrastiert werden mit der unendlichen Macht des lebendigen Gottes, der die menschliche Macht spielend zunichtemacht. Das ist der Brennpunkt des Psalms – die ausschließliche Ausrichtung des Beters auf seinen unendlich ressourcenreichen Gott, vor dem äußere Hindernisse und Hürden ins Bedeutungslose verschwinden. Diese Selbstvergewisserung stärkt den verfolgten und gedemütigten Mann Gottes und lässt ihn ungeahnte Kraft und Hoffnung schöpfen. Auffällig ist die zweifache Erwähnung des heiligen Tempelberges Gottes in der heiligen Stadt Jerusalem sowie die Erwähnung des geliebten Volkes Israel, dem David angehören darf. David vergegenwärtigt sich sein Judesein, das unzertrennlich mit dem Berg Zion in Jerusalem verbunden bleibt, auf dem der Tempel Gottes durch seinen Sohn Salomo errichtet werden wird. David weiß sich mit seinem geliebten und gesegneten jüdischen Volk verbunden. Dem Volk, dem der Gott der Väter unverbrüchliche Treue und Rettung versprach.

Der Psalm ist ein zeitloses Zeugnis des inneren Sieges über Ängste, Zweifel und Sorgen eines tiefgläubigen jüdischen Menschen, der in das Herz eines jeden gläubigen Menschen hineinsprechen und hineinrufen will. Die biblisch fundierte, jüdische Glaubenstradition des Autors ist unüberhörbar. Sie motiviert ihn, sie inspiriert und impulsiert ihn. Sie will in den Herzen der Leser aller Kulturen Raum einnehmen.

4
Gottes Schutz in der Nacht

Gottes Schutz in der Nacht

1 Für den Chormeister. Mit Saitenspiel. Ein Psalm
Davids. **2** Wenn ich rufe, gib mir Antwort, Gott meiner
Gerechtigkeit! Du hast mir weiten Raum geschaffen in
meiner Bedrängnis. Sei mir gnädig und hör auf mein
Flehen! **3** Ihr Mächtigen, wie lange noch schmäht ihr
meine Ehre, wie lange noch liebt ihr das Nichtige und
sucht die Lüge? [Sela] **4** Erkennt, dass der HERR sich
seinen Frommen erwählt hat, der HERR hört, wenn ich
zu ihm rufe. **5** Erschreckt und sündigt nicht! Bedenkt
es auf eurem Lager und werdet still! [Sela] **6** Bringt
Opfer der Gerechtigkeit dar und vertraut auf den
HERRN! **7** Viele sagen: Wer lässt uns Gutes schauen?
HERR, lass dein Angesicht über uns leuchten! **8** Du
legst mir größere Freude ins Herz, als andere haben
bei Korn und Wein in Fülle. **9** In Frieden leg ich mich
nieder und schlafe; denn du allein, HERR, lässt mich
sorglos wohnen.

Welcher Mensch weiß nicht, wie schwierig es ist, die Sorgen, Ängste und Zweifel des Alltags am Ende des Tages entspannt loszulassen? Diese grundlegende, menschliche Belastung thematisiert unser Psalm aus der Sicht eines jüdischen Mannes, der wie kaum ein anderer Repräsentant der biblischen Tradition mit diesem Phänomen nahezu alltäglich konfrontiert war. Das Einstiegswort des Lobgesanges „Für den Chormeister" ist zwar die gängige Übersetzung in allen deutschsprachigen Bibeln, lässt jedoch unter Berücksichtigung des hebräischen Urlautes eine reizvolle Alternative zu. Das hebräische Wort LA-MENAZE-ACH hat sich zwar im Laufe der langen psalmischen Überlieferungskette als *Chormeister, Chorleiter* im sakralen Sprachgebrauch etabliert. Dessen ungeachtet hat es die grundlegende, etymologische Bedeutung von *Sieger, Kämpfer, Kraftausstatter* nie verloren. Der Psalmendichter will implizit ausdrücken, dass den Beter ein stattlicher Lohn aus der Beherzigung der im Psalm aufgeführten Ideale und Empfehlungen erwartet. Der Lohn manifestiert sich darin, den Leser und Hörer zu einem Sieger, zu einem Kämpfer, zu einem mit göttlich-spiritueller Kraft ausgestatteten Partner Gottes zu verwandeln. Der Verfasser weiß aus eigener, jahrzehntelang gelebter Erfahrung mit seinem Gott, dass die disziplinierte Praxis der Unterwerfung seiner Pläne, Ideen und Ambitionen unter den Willen des allgegenwärtigen Gottes sich bestens ausgezahlt hat. Wie oft wissen die beiden biblischen Bücher Samuel und das erste Buch der Chronik, uns sowohl die harten Lehrjahre des berufenen Regenten Israels als auch dessen harte Regierungsjahre in der Hauptstadt Jerusalem mit umfangreichen Beschreibungen zu veranschaulichen. Der weise Berufene Gottes verstand es in der Tat meisterhaft, sich zu einem MENAZE-ACH, einem Sieger, in den vielfältigen Anfechtungen des Lebens *hoch zu kämpfen* – zur Nähe Gottes *hoch zu ringen.* Diese hart erkämpften *Errungenschaften* will der Dichter den nachfolgenden Generationen in den Zeilen seines Psalms mittels unmissverständlicher Einweisungen und Anweisungen weitergeben. Durch dieses Anliegen des Psalmisten, als Einweiser aufzutreten, kommt er den großen Lehrern und Propheten des Ersten Testaments – Mose, Jesaja, Jeremia, Elija und den übrigen Propheten – faszinierend nahe. Die gesamte Schriftwelt des Ersten Testaments wird im hebräischen Original TORA genannt. Entgegen der jahrhundertelang tradierten deutschsprachigen Übersetzung *Gesetz* entspricht dieser Begriff dem Ideal der *Ein-Weisung, An-Weisung, Unter-Weisung,* der *weisen Lehre zum Leben.* Alle Gottberufenen jüdisch-hebräischen *Wegweiser* der Heiligen Schrift wussten um ihre Aufgabe, dem ihnen anvertrauten Volk Gottes die göttlichen Lebensgrundsätze durch ihr persönliches Vorleben und Vordenken in Herz und Hirn einzuprägen. So entpuppt sich König David, wiewohl nicht zum Lehrer und Propheten seines Volkes berufen, als genialer Lehrer, Unterweiser, Einweiser in die biblisch tradierte Lehre vom Berge Sinai. Mal um Mal übernimmt er die eifrige Rolle des klassischen Propheten, den der jüdische Religionsphilosoph und Meisterübersetzer des Ersten Testaments in die deutsche Sprache, Martin Buber, zutreffender mit *Künder* wiedergibt. Der Leser erlebt bei aufmerksamer Lektüre eine nahtlose Verbundenheit zwischen der Welt der Psalmen und der Welt der übrigen Bücher des Ersten Testaments. König David lebte während all seiner umtriebigen Jahre stets in der geistigen Welt seiner jüdischen Vorgänger, der großen Lehrer und *Künder* seines jüdischen Volkes – von dessen ersten Stunde an mit der großen Gestalt des Vaters Abraham. Dieses geistige Erbe prägte König David während seines gesamten Lebens. Pausenlos hallt es in seinen Lobgesängen dem Leser und Hörer entgegen. Er vermittelt unausgesprochen, dass die Lehre seiner geistigen Väter und Mütter in ihm selbst, durch sein eigenes Ringen Frucht bringen muss. Der Psalmist spricht das Grundthema des Psalms im zweiten Vers deutlich an: die Spannungsbeziehung zwischen Gott anrufen und durch Gott erhört werden. Er drückt seine Ursehnsucht aus, Gott in den mannigfaltigen Situationen des Lebens anzurufen und die wiederkehrende Erfahrung zu machen, vor diesem majestätischen Gott Gehör zu finden. Die Spannungsbeziehung zwischen Rufen und Gehörtwerden bringt der Dichter in ein zusätzliches, paralleles Spannungsfeld von Enge und Weite in seinem Leben. Das Ausgesetzt-Sein gegenüber der geistig-seelischen Enge treibt ihn dazu, die innere Weite in der Nähe zu seinem Gott zu suchen. Auffällig ist, dass das hierbei angesprochene, hebräische Begriffspaar RUACH (*Geist*) und REWACH (*Weite*) in einem inneren, sprachlichen Zusammenhang steht. Es ist der lebendige und lebendig machende Geist Gottes, der den Menschen in die Lage versetzt, aus der bedrückenden Enge in die beglückende Weite zu gelangen. Innere Weite, innerer *Freiraum* und *Spielraum* sind das Ergebnis der Begegnung mit dem weiten, räumlich unbegrenzten Geist Gottes, der eine so gewaltige Erfahrung möglich macht.

Wie so oft in den Psalmen, verwendet der Verfasser den Begriff ZEDAKA, der göttlichen, über alle menschlich-engen Definitionen hinausreichenden Gerechtigkeit. Diesen zentralen Begriff der umfassenden Güte und Fürsorge Gottes ordnet er seinem Schöpfer als vorrangiges Charakteristikum seines Wesens zu. Der Gott, der die weitgefasste Gerechtigkeit seinen Geschöpfen gegenüber praktiziert, antwortet seinen bedrängten Kindern und schenkt ihnen Befreiung aus Enge in rettende Weite. Im Verlauf des Psalms wird diese unbegrenzte Gerechtigkeit des Vaters zu der oft begrenzten menschlichen Gerechtigkeit scharf kontrastiert. Die vom Schöpfer seit Israels Bund mit Ihm am Berg Sinai geforderte Gerechtigkeit darf sich nicht an enge, menschliche Denkkategorien bemessen. Ihrer göttlichen Natur nach, muss sie sich immer wieder an der situativen Bedürftigkeit des nach ihr schreienden Menschen orientieren. Sie wird immer in scharfem Kontrast zu engmaschigen menschlichen Definitionen von Güte und Fürsorge füreinander stehen. Menschlich praktizierte Gerechtigkeit muss sich stets ausdehnen. Sie muss gemäß göttlicher Absicht auf Erweiterung, auf Ausweitung ausgerichtet bleiben. Aus diesem Grunde versteigt sich der Lobredner darin, vom Menschen zu fordern, Gott *Opfer der Gerechtigkeit* darzubringen. Hierbei verknüpft er – scheinbar widersprüchlich – zwei kontrastierende Begriffe aus dem jüdischen Gottesdienstverständnis. Einerseits ist es der Begriff des Opfers aus dem Kontext des zentralisierten Tempelgottesdienstes in Jerusalem. Andererseits ist es der Begriff der rein spirituellen Haltung und Handlung des Menschen im Geiste der Gerechtigkeit ZEDAKA. Diese gewagte Zusammenfügung des nicht Zusammenfügbaren unterstreicht die tiefere Bedeutung der Anweisung, die der Dichter dem Menschen ans Herz legt. Der wahre, Gott gefallende *Gottes-Dienst* vollzieht sich nicht primär im zentralen Heiligtum zu Jerusalem. Er muss dezentral, bei jeder sich bietenden Gelegenheit, von Mensch zu Mensch gelebt werden. Dieser in der jüdischen Geistestradition genannte *Gottesdienst des Herzens* ist eng verknüpft mit tiefem Vertrauen in den Gott der Schöpfung. Der Schöpfer bemisst den Umfang der einzigartigen Gerechtigkeit und legt sie in das Herz des Menschen. Erst der standortunabhängige, *erweiterte* Gottesdienst lässt den Menschen die weit machende Natur Gottes erleben. Gott *verkörpert* unendliche Weite. Der kleine Mensch hingegen begnügt sich infolge seines viel zu engen Gottesbildes mit halbherzigen Handlungskonzepten. Der Dichter warnt vor der Nichtigkeit, vor der Leere des beengten menschlichen Trachtens. Diese korrespondieren nicht mit der Weite göttlicher Eingebungen, die auf ihn warten. Derjenige, der sich der Weite seines Gottes in Geist und Herz öffnet, wird eine massive Erneuerung seines Wesens empfangen. Er wird CHASSID, ein von Gott inspirierter Wohltäter der menschlichen Gesellschaft, genannt werden. Im Gegensatz zur landläufigen deutschen Übersetzung *Frommer* drückt der hebräische Begriff CHASSID die nicht reglementierte, sich an keine engen Formalitäten orientierende Herzensneigung des Menschen aus. Sie entspricht der geistigen Bereitschaft, nur aus dem unerschöpflichen Urgrund seines Herzens Gott und den Mitmenschen gegenüber zu handeln. Solche Menschen können mit Gottes *Anhörung* gewiss rechnen. Im Vertrauen auf Gottes *Anweisungen* in ihrem Herzen, zur Bewältigung ihrer täglichen Aufgaben, können sie am Ende eines jeden Tages mit einem beruhigten Gefühl das nächtliche Schlaflager betreten. Um seinen Aufruf an alle noch gottfernen Menschen zu festigen, versetzt sich der Dichter in die tiefsitzende Skepsis dieser Menschen durch Übernahme von deren Frage: *Wer gibt uns Gutes?* Damit identifiziert sich der Dichter mit der elementaren Sehnsucht eines jeden Menschen, dem gottgeschaffenen Guten in seinem Leben zu begegnen. Bereits im Schöpfungsbericht des ersten Buches der Heiligen Schrift attestiert Gott dem Schöpfungswerk eines jeden Tages das Attribut *Gut*. Am sechsten Tag der Vervollkommnung der Schöpfung hören wir gar: „Gott sah alles an, was er gemacht hatte: Und siehe, es war sehr gut [!] (Gen 1,31)." Um der Erfüllung dieser menschlichen Ursehnsucht nahe zu kommen, wendet sich der Beter direkt an seinen Gott mit der Bitte um Seine Erleuchtung in noch verfinsterten Menschen-Herzen. Er weiß, dass der Gott der grenzenlosen Güte und Gnade Menschenherzen im Handumdrehen verwandeln kann. Nur Gott kann versteinerte Herzen in erweichte, aufgeschlossene und erleuchtete Herzen verwandeln. Mit seiner Bitte an Gott um Erleuchtung greift der weise König auf die biblische Tradition des *Aaronitischen Segens* zurück. Schon zur Wüstenwanderungszeit wird der Hohepriester Aaron vom Schöpfer angewiesen, das versammelte Volk im Namen des Allgegenwärtigen zu segnen.

„Der HERR sprach zu Mose: Sag zu Aaron und seinen Söhnen: So sollt ihr die Israeliten segnen; sprecht zu ihnen: Der HERR segne dich und behüte dich. Der HERR lasse sein Angesicht über dich leuchten und sei dir gnädig. Der HERR wende sein Angesicht dir zu und schenke dir Frieden. So sollen sie meinen Namen auf die Israeliten legen und ich werde sie segnen (Num 6,22–27)."

Der von Gott solchermaßen erleuchtete Mensch wird tiefe Freude, von Gott herrührende *heilige Freude,* in seinem Herzen spüren. Eine Freude, die in den biblisch verheißenen Frieden (SCHALOM) münden wird. Die hebräische Grundidee des Begriffes SCHALOM, der in der Bibel unzählige Male mit vielen Verästelungen erscheint, erschöpft sich keinesfalls mit der äußeren Erfahrung des notgedrungenen Waffenstillstandes oder der vertraglich erzwungenen Pseudoruhe zwischen rivalisierenden Parteien. Der hebräische Begriff meint die Ganzwerdung, die *Verganzheitlichung* des Menschen durch Bewusstwerdung seines Eingebundenseins in eine große, alles Daseiende umspannende Gemeinschaft aller Geschöpfe Gottes. Dieser SCHALOM kann nur entstehen durch die Erleuchtung seitens des stets präsenten Gottes, den ich durch mein Rufen, mein Flehen in mein Leben hineinbitte und hineinbete. Den mit überirdischer Freude gepaarten Frieden erlebt der Psalmist als reichhaltigen, äußerlichen Reichtum, den ihm sein opulentes, königliches Leben zu bescheren wusste. Viele Jahrhunderte später wusste ein anderer, leidenschaftlicher Jude ebenfalls von der engen Beziehung zwischen Freude und Frieden – im hebräisch-mutter-sprachlichen Verständnis – seinen Adressaten mitzuteilen. So lesen wir im Brief des Apostel Paulus an die Philipper 4,4.7: „Freut euch im Herrn zu jeder Zeit! Noch einmal sage ich: Freut euch! Und der Friede [SCHALOM] Gottes, der alles Verstehen übersteigt, wird eure Herzen und eure Gedanken [...] bewahren." Ausgestattet mit Freude und SCHALOM aus göttlicher Quelle, kann der zu seiner wahren menschlichen Größe angelangte Mensch den Anforderungen des Alltags genügen. Er kann den gemeisterten Alltag, im Dienst seinem Gott gegenüber, bei Anbruch der Nacht in Gottes Hand legen, um die dringend erforderliche nächtliche Ruhe zu erleben. Erst durch diese Erfahrung kann das Tagwerk des abgelaufenen Tages zum wahren Abschluss kommen. Die göttlich inspirierte, nächtliche Ruhe wird den geplagten Sterblichen stärken für die göttlichen Aufgaben, die ihn am nächsten Tag erwarten. Wenn der vergängliche Mensch Tag um Tag sich die Disziplin der Unterwerfung unter Gottes wegweisender Antwort und Fürsorge aneignet, wird ihm mit Abschluss eines jeden Tages eine reichhaltige, sinnstiftende Kontinuität des Lebens widerfahren. Er wird mit dem Brustton der Überzeugung stets aufs Neue seinem Schöpfer gegenüber bekennen: *Du* allein lässt mich gesichert auf Erden *meinen mir* zugewiesenen, zeitlich begrenzten Weg in Freude und SCHALOM gehen.

8

Die Herrlichkeit des Schöpfers – die Würde des Menschen

Die Herrlichkeit des Schöpfers – die Würde des Menschen

1 Für den Chormeister. Nach dem Kelterlied. Ein
Psalm Davids. **2** HERR, unser Herr, wie gewaltig ist
dein Name auf der ganzen Erde, der du deine Hoheit
gebreitet hast über den Himmel. **3** Aus dem Mund der
Kinder und Säuglinge hast du ein Bollwerk errichtet
wegen deiner Gegner, um zum Einhalten zu bringen
Feind und Rächer. **4** Seh ich deine Himmel, die Werke
deiner Finger, Mond und Sterne, die du befestigt:
5 Was ist der Mensch, dass du seiner gedenkst, des
Menschen Kind, dass du dich seiner annimmst? **6** Du
hast ihn nur wenig geringer gemacht als Gott, du hast
ihn gekrönt mit Pracht und Herrlichkeit. **7** Du hast ihn
als Herrscher eingesetzt über die Werke deiner Hände,
alles hast du gelegt unter seine Füße: **8** Schafe und
Rinder, sie alle und auch die wilden Tiere, **9** die Vögel
des Himmels und die Fische im Meer, was auf den
Pfaden der Meere dahinzieht. **10** HERR, unser Herr, wie
gewaltig ist dein Name auf der ganzen Erde!

Ein überragendes Loblied auf die majestätische Schöpfung Gottes öffnet dem aufmerksamen Leser und Hörer der Heiligen Schrift seine Tore. Ein Lied, das man als große Danksagung gegenüber dem Schöpfer für dessen grandiose Schöpfung bezeichnen könnte, so wie sie im Ersten Buch der Bibel in deren ersten Kapiteln beschrieben wird. Gleich zu Beginn des Psalms teilt uns der Psalmist mit, seine Worte seien gedacht als Gesang für den künftigen Chormeister und dessen Chor der Leviten im Tempel, den sein Sohn Salomo in Jerusalem errichten wird. Der königliche Psalmist will seine Begeisterung keinesfalls für sich behalten. Er offenbart sie sowohl seinen Zeitgenossen als auch seiner Nachwelt in Gestalt der vielen jüdischen Tempelwallfahrer, die mehrmals jährlich aus dem ganzen Land Israel nach Jerusalem zogen, um Gott im heiligen Tempel zu dienen. Wieder klammert der entscheidende Lobgedanke in Vers 2 und Vers 8 die gesamte Litanei des Psalms. Der Verfasser ist überwältigt von der Majestät Gottes, die er sprachbildlich, wie es seit Menschengedenken üblich ist, im Himmel lokalisiert. Die Majestät dieses Schöpfers bleibt jedoch keinesfalls auf die himmlische Region beschränkt, sondern breitet sich umfassend auf Erden aus, wo der gottgeschaffene Mensch sein Domizil und seinen Schöpfungsfreiraum zugewiesen bekommt. Der lobende Psalmenexperte rückt emphatisch den Menschen in den Mittelpunkt des gesamten göttlichen Schöpfungsprozesses. Dem Menschen zuliebe, seinem irdischen Ebenbilde zuliebe, hat der Schöpfer sich entschieden, die gesamte Schöpfung in Gang zu setzen, um sie seinem geliebten menschlichen Geschöpf zu Diensten zu stellen. Unmissverständlich erklingt, dass der Mensch durch Gottes Führung von seinem zeitlich vorübergehenden Hausrecht in der Schöpfung bejahend Gebrauch machen darf. Er hat jedoch anzuerkennen, dass seine ebenfalls durch Gott geschaffenen *Hausgenossen*, Tiere, Pflanzen, Mineralien und Naturgesetze, ihre je eigene Daseinsberechtigung haben. Das Ebenbild Gottes ist aufgerufen, seine einmalige und beispiellose Ebenbildlichkeit dadurch zu dokumentieren, dass er respektvoll, fürsorglich und stets auf das Wohl des Ganzen bedacht mit diesen *Hausgenossen* umzugehen lernt. Indem dem egoistischen Eigennutz eine scharfe Absage erteilt wird, redet dieser Respekt einflößende Psalm der überbordenden Hinwendung zum *allgegenwärtigen, allgenügenden Haus-Meisters* das Wort. Der den tiefen Durchblick bewahrende Dichter weiß, dass schon kleine Kinder durch ihre natürliche Freude das große Erlebnis Schöpfung nonverbal tief zu schätzen und zu genießen wissen. Von ihnen können wir lernen, wir, die angeblich aufgeklärten, erleuchteten Erwachsenen, die Schöpfung mit dankbaren und freudvollen Sinnen wahrzunehmen und mit ihr konstruktiv und gestaltgebend in Beziehung zu treten. Ist sich der endliche Mensch bewusst, welche Größe und Würde ihm der Schöpfer jeden Tag aufs Neue mittels der nahezu unerschöpflichen Handlungsmöglichkeiten in diesem anvertrauten Gut namens Gottes Schöpfung zuweist? Ist der geschaffene Mensch willens, mit Demut, Dankbarkeit und Dienstbereitschaft diese hohe Verantwortung und Wertschätzung, die der Schöpfer ihm täglich zuspricht, zu erwidern? Ist der Mensch bereit, das rechte Augenmaß zu behalten bei seinen vielfältigen Interventionen in der Schöpfung unter Anerkennung, dass er zwar als Hausherr in der Schöpfung walten darf, jedoch dem obersten *Hausherrn* ein Leben lang untergeordnet bleiben wird? Wird ihn sein Handeln auf Erden mit der Einflussnahme auf Flora, Fauna und Naturgewalten zu einzigartiger Demut stimulieren oder zu zerstörerischem Hochmut? Dies sind die selbstkritischen Fragen, die uns der biblische Dichter in alle Generationen und an allen Orten als ewigen Appell zur geistigen Vergegenwärtigung und zur persönlichen Gewissenserforschung stellt. Jedem bewegten Leser und Hörer ist es aufgetragen, auf diese ewigen Fragen mit je eigenen Worten in einem bilanzierenden Erwiderungspsalm zu antworten.

19 

Lob auf Gottes Schöpfung und Weisung

Lob auf Gottes Schöpfung und Weisung

1 Für den Chormeister. Ein Psalm Davids. **2** Die
Himmel erzählen die Herrlichkeit Gottes und das
Firmament kündet das Werk seiner Hände. **3** Ein
Tag sagt es dem andern, eine Nacht tut es der andern
kund, **4** ohne Rede und ohne Worte, ungehört bleibt
ihre Stimme. **5** Doch ihre Botschaft geht in die ganze
Welt hinaus, ihre Kunde bis zu den Enden der Erde.
Dort hat er der Sonne ein Zelt gebaut. **6** Sie tritt aus
ihrem Gemach hervor wie ein Bräutigam; sie frohlockt
wie ein Held, ihre Bahn zu laufen. **7** Am einen Ende
des Himmels geht sie auf und läuft bis ans andere
Ende; nichts kann sich vor ihrer Glut verbergen. **8** Die
Weisung des HERRN ist vollkommen, sie erquickt den
Menschen. Das Zeugnis des HERRN ist verlässlich,
den Unwissenden macht es weise. **9** Die Befehle des
HERRN sind gerade, sie erfüllen das Herz mit Freude.
Das Gebot des HERRN ist rein, es erleuchtet die
Augen. **10** Die Furcht des HERRN ist lauter, sie besteht
für immer. Die Urteile des HERRN sind wahrhaftig,
gerecht sind sie alle. **11** Sie sind kostbarer als Gold,
als Feingold in Menge. Sie sind süßer als Honig, als
Honig aus Waben. **12** Auch dein Knecht lässt sich von
ihnen warnen; reichen Lohn hat, wer sie beachtet.
13 Versehentliche Fehler, wer nimmt sie wahr? Sprich

mich frei von verborgenen Sünden! **14** Verschone
deinen Knecht auch vor vermessenen Menschen;
sie sollen nicht über mich herrschen! Dann bin ich
vollkommen und frei von schwerer Sünde. **15** Die
Worte meines Mundes mögen dir gefallen; was ich im
Herzen erwäge, stehe dir vor Augen, HERR, mein Fels
und mein Erlöser.

Wieder einmal richtet der Psalmenverfasser seinen Blick gen Himmel mit seinen unergründlichen, kraftvoll leuchtenden Gestirnen. Trotz und inmitten vielfältiger Aufgaben und Herausforderungen als amtierender König über das Großreich Israel spürt der Monarch beim Anblick der sich ihm präsentierenden, kosmischen Größe eine tiefe Ergriffenheit. Ohne im mindesten abgestumpft zu sein für die alltäglichen Wunder der himmlischen Ordnung, drückt der Autor seine tiefe Bewunderung aus für die alltäglichen, grandiosen Prozesse von Sonnenaufgang, Sonnenuntergang, Mondbewegungen, Sternschnuppen und Sternenglanz. In der Tat zeichnet es einen tiefgläubigen Gottesmann aus, wenn er seinen Blick über das alltägliche Geschehen hinaus auf das faszinierende, ihn umgebende Naturspektakel zu erheben weiß. Ein Mann vom Format König Davids weiß, dass Gottes Allmacht und Allwissenheit sich insbesondere in den gern und leicht übersehenen, alltäglichen Phänomenen kosmischen Lebens manifestieren. Ein solch gottdurchdrungener Jude wie der Psalmist bedarf keiner ausgeklügelten *Gottesbeweise*. Er sucht nicht begierig nach außergewöhnlichen, übersinnlichen Erscheinungen, um von Gottes Existenz und Präsenz überzeugt zu werden. Ein solcher *Diener Gottes* erkennt in den täglichen Erscheinungen übermenschlicher Größe und Erhabenheit Gottes Gegenwart. David lässt sich von Gottes großen Naturphänomenen ansprechen. Er beobachtet aufmerksam die majestätische Naturordnung und hört in ihr Gottes Zuspruch an ihn. Die Schöpfung, die aus so vielen einzelnen, undurchschaubaren, jedoch wirkungsvollen präzisen, Abläufen besteht, *erzählt* dem Dichter von der Größe ihres Urhebers, ihres Erfinders, dem sie unentwegt zu dienen gewillt ist. Es ist dies eine stille *Erzählung*, „ohne Rede und ohne Worte, ungehört bleibt ihre Stimme“, jedoch umso *beredter*, je weniger äußere Laute zu vernehmen sind. Wie groß muss der Glaube des Psalmenschreibers sein, wenn er in der Stille andächtiger Beobachtung die *sprechenden* Taten Gottes in dessen Werken zu hören und zu verstehen vermag. Der König weiß, dass die gesamte Schöpfung voll der Weisheit des Schöpfers ist, die lautlos von der Existenz und Präsenz ihres Erschaffers Zeugnis ablegt. Er verkündet im Psalm sein tiefes Angesprochensein im Angesicht einer Fülle großer wie kleiner Zeugnisse des genialen *Hausmeisters*. Die geordnete, gehorsame und gewissenhafte Natur *berichtet* unaufhörlich über ihren *Dienstherrn*, dem sie sich unterzuordnen verpflichtet hat. Diese willigen *Dienstboten* Gottes wollen unaufhaltsam ihre *Botschaft* den hörwilligen und lernwilligen Erdenbürgern überbringen. Der Dichter benutzt im Zusammenhang mit dem täglichen Sonnenlauf anthropomorphe Begriffe wie *Gemach*, *Bräutigam*, *Held*, *Bahn*: „Sie [die Sonne] tritt aus ihrem Gemach hervor wie ein Bräutigam; sie frohlockt wie ein Held, ihre Bahn zu laufen.“ Die gesamte Schöpfung drängt, sich mit dem Menschen, zu dessen Freude und Nutzen sie geschaffen wurde, zu *vermählen*.

Das gesamte, große Schöpfungsgeschehen will vom Menschen wahrgenommen und wie eine Hochzeit freudvoll zelebriert werden. Eine Hochzeit, die als *Hoch-zeit* Gottes mit seinen Erdenkindern, seiner Braut, gefeiert werden will.

Nach ausgiebiger Betrachtung und Wertschätzung der stillen Erhabenheit der äußeren, göttlichen Schöpfung wendet sich der Dichter einer inwendigen Betrachtung zu. Die Innenbetrachtung verlangt ihm ebenso viel Genugtuung und Wertschätzung ab wie die äußere Anschauung, das Heilige Wort Gottes. So wie es ihm von Kindesbeinen an vertraut geworden und von den Altvorderen überliefert worden ist. Die Macht des Wortes der Heiligen Schrift, die er als Jude in Judäa intensiv gelernt und verinnerlicht hat, legt auf ihre imposante Weise Zeugnis von der Größe und Herrlichkeit des Schöpfers von Himmel und Erde ab. In seiner gewohnt überschwänglichen Art preist der Psalmist den mächtigen Gott für die wunderbaren Taten, Entscheide und Wegweisungen in der langen biblischen Geschichte Seines Volkes Israel. Überwältigt von Gottes Selbstoffenbarung in der Heiligen Schrift, vermag der Dichter einen grenzenlosen Reichtum an göttlicher Weisheit, Führungsstärke und Erziehungsidealen für die gesamte Menschheit zu entdecken. Mit unkontrolliertem, zutiefst authentischem Enthusiasmus weiß der überzeugte Gottesmann von den großen Vorzügen der Worte Gottes in dessen kostbarer Schrift zu berichten. Die Weisungen der Heiligen Schrift haben den Dichter geformt und gefordert. Sie haben sein gesamtes Weltbild und Gottesbild geprägt. Sie sind für ihn zu einem unverzichtbaren Bündel übermenschlicher Erkenntnisse über das Leben auf Erden unter Leitung des Schöpfers geworden. Die göttliche Unterweisung erleuchtet den Psalmisten. Sie entreißt ihn eigenmächtiger Entscheidungen, die ihn in gefährliche Verirrungen und Abgründe zu stürzen vermögen. Die erhellenden Weisungen, Warnungen und Werte der Schrift, die der Psalmist so überaus eifrig lernt und beherzigt, spornen ihn an, Gottes beglückende und befreiende Nähe zu erbitten. Sie treiben ihn an, den Gott der Väter händeringend darum zu bitten, ihn vor den Verfehlungen anderer Menschen, die diese nicht lernen und beherzigen wollen, zu schützen. König David weiß aus eigener, schmerzhafter Lebenserfahrung, wie sehr es ihm zu seinem Besten gereicht, wenn er falschen Stolz überwindet und seinen Gott innigst um *kompetente* Führung in seinem Leben bittet. Zu schmerzhaft sind ihm die eigenmächtigen, mit seinem Schöpfer nicht koordinierten Handlungen seines bewegten Lebens in Erinnerung geblieben. Die enge Zwiesprache mit seinem Schöpfer ist ihm zur Maxime geworden, die er seinen Hörern und Lesern mit äußerster Dringlichkeit *ans Herz* legen möchte. Wahre Größe menschlichen Lebens auf Erden, so belehrt der dichtende König seine Anhänger, entsteht nur durch die ernüchterte Bereitschaft, sich durch die Weisheit Gottes unterweisen zu lassen. Gott will als „mein Fels und mein Erlöser" inmitten der unausbleiblichen Turbulenzen menschlichen Lebens erfahren werden. Ein hinreißendes Angebot, das der Autor seiner Zuhörerschaft mit Vehemenz verkünden möchte.

Für beide lehrreichen Betrachtungen des weisen Königs David – sowohl über die großen, kosmischen Prozesse im Äußeren als auch über die unerlässlichen, weg-weisenden Belehrungen in der Heiligen Schrift – gilt Goethes unsterbliches Aperçu: „Willst du dich am Ganzen erquicken, so musst du das Ganze im Kleinen erblicken." Gottes unermessliche Weisheit und Weite will in den vielen einzelnen Momentaufnahmen des Alltagsgeschehens in Bild und Wort gesehen und gehört werden. Wer seine Sinne für die *Bilder* der Schöpfung und seinen *Sinn* für die Bildung der Tora schärft, wird zunehmend den ganzheitlichen Reichtum gelebten Lebens auf Erden erleben. Ein Reichtum an Verbundenheit mit dem Schöpfer des Universums, der sein menschliches Gegenüber zu einer maximalen Erfahrung von Führung und Fürsorge in Seiner geschaffenen Welt einlädt. Der große Gott unternimmt alles, um den kleinen Menschen zu Seiner Liebe und Seiner Wohltätigkeit heranzuführen.

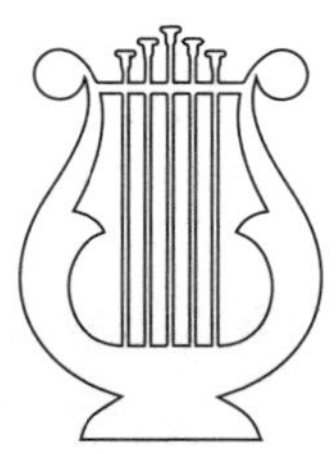

22 Gottverlassenheit und Rettung des todgeweihten Armen

Gottverlassenheit und Rettung des todgeweihten Armen

1 Für den Chormeister. Nach der Weise Hinde der
Morgenröte. Ein Psalm Davids. **2** Mein Gott, mein
Gott, warum hast du mich verlassen, bleibst fern
meiner Rettung, den Worten meines Schreiens?
3 Mein Gott, ich rufe bei Tag, doch du gibst keine
Antwort; und bei Nacht, doch ich finde keine Ruhe.
4 Aber du bist heilig, du thronst über dem Lobpreis
Israels. **5** Dir haben unsere Väter vertraut, sie haben
vertraut und du hast sie gerettet. **6** Zu dir riefen sie
und wurden befreit, dir vertrauten sie und wurden
nicht zuschanden. **7** Ich aber bin ein Wurm und kein
Mensch, der Leute Spott, vom Volk verachtet. **8** Alle,
die mich sehen, verlachen mich, verziehen die Lippen,
schütteln den Kopf: **9** Wälze die Last auf den HERRN!
Er soll ihn befreien, er reiße ihn heraus, wenn er an ihm
Gefallen hat! **10** Du bist es, der mich aus dem Schoß
meiner Mutter zog, der mich anvertraut der Brust
meiner Mutter. **11** Von Geburt an bin ich geworfen auf
dich, vom Mutterleib an bist du mein Gott. **12** Sei mir
nicht fern, denn die Not ist nahe und kein Helfer ist
da! **13** Viele Stiere haben mich umgeben, Büffel von
Baschan mich umringt. **14** Aufgesperrt haben sie gegen

mich ihren Rachen, wie ein reißender, brüllender
Löwe. **15** Hingeschüttet bin ich wie Wasser, gelöst
haben sich all meine Glieder, mein Herz ist geworden
wie Wachs, in meinen Eingeweiden zerflossen.
16 Meine Kraft ist vertrocknet wie eine Scherbe,
die Zunge klebt mir am Gaumen, du legst mich in
den Staub des Todes. **17** Denn Hunde haben mich
umlagert, eine Rotte von Bösen hat mich umkreist.
Sie haben mir Hände und Füße durchbohrt. **18** Ich
kann all meine Knochen zählen; sie gaffen und starren
mich an. **19** Sie verteilen unter sich meine Kleider und
werfen das Los um mein Gewand. **20** Du aber, HERR,
halte dich nicht fern! Du, meine Stärke, eile mir zu
Hilfe! **21** Entreiß mein Leben dem Schwert, aus der
Gewalt der Hunde mein einziges Gut! **22** Rette mich
vor dem Rachen des Löwen und vor den Hörnern der
Büffel! – Du hast mir Antwort gegeben. **23** Ich will
deinen Namen meinen Brüdern verkünden, inmitten
der Versammlung dich loben. **24** Die ihr den HERRN
fürchtet, lobt ihn; all ihr Nachkommen Jakobs, rühmt
ihn; erschauert vor ihm, all ihr Nachkommen Israels!
25 Denn er hat nicht verachtet, nicht verabscheut des
Elenden Elend. Er hat sein Angesicht nicht verborgen
vor ihm; er hat gehört, als er zu ihm schrie. **26** Von
dir kommt mein Lobpreis in großer Versammlung,
ich erfülle mein Gelübde vor denen, die ihn fürchten.
27 Die Armen sollen essen und sich sättigen; den
HERRN sollen loben, die ihn suchen. Aufleben soll euer

Herz für immer. **28** Alle Enden der Erde sollen daran
denken/ und sich zum HERRN bekehren: Vor dir sollen
sich niederwerfen alle Stämme der Nationen. **29** Denn
dem HERRN gehört das Königtum; er herrscht über
die Nationen. **30** Es aßen und warfen sich nieder alle
Mächtigen der Erde. Alle, die in den Staub gesunken
sind, sollen vor ihm sich beugen. Und wer sein
Leben nicht bewahrt hat, **31** Nachkommen werden
ihm dienen. Vom Herrn wird man dem Geschlecht
erzählen, das kommen wird. **32** Seine Heilstat
verkündet man einem Volk, das noch geboren wird: Ja,
er hat es getan.

Dem Leser präsentiert sich ein inhaltsgewaltiger Psalm, der jedem Christen als der Sterbepsalm Jesu während seines Leidens am Kreuze zu Golgota bekannt ist. Der Klageschrei am Anfang des Psalms: „Mein Gott, mein Gott, warum hast du mich verlassen?" entsprang nicht nur der Kehle König Davids, dem ursprünglichen Verfasser, und nicht nur dem großen Rabbi Jesus von Nazaret in der Stunde seines größten Leids. Unzählige Menschen im Laufe der letzten zweitausendjährigen Geschichte haben in Stunden bitterster Not diesen Anfangssatz und die nachfolgenden Klagesätze über ihre Lippen ihrem Schöpfer gegenüber dargebracht. Um die faszinierende Tiefe dieses davidischen Lobgesangs authentisch zu erfassen, gilt es, wie bei allen übrigen Psalm-Meditationen, diesen Text in seinem jüdischen *Sitz im Leben*, das heißt in seiner jüdischen Urabsicht, gründlich zu verstehen. Der durch tiefes Leid gekennzeichnete Verfasser des Psalms weiß sich in seiner Beziehung zu Gott so überzeugend getragen, dass er sich an seinen Schöpfer mit Worten bitterster Enttäuschung und Erschütterung wendet. Die biblischen Erzählungen der beiden Bücher Samuel liefern uns eine Fülle von Begebenheiten, in denen König David in entsetzliche Drangsal durch Verfolgungen und Vertreibungen seiner erbarmungslosen Feinde geriet. Der Psalm spiegelt die Momente grauenvoller Seelenqual und die Momente schmerzhaftester Erniedrigung durch menschliche Widersacher wider; in stechend scharfe, anschauliche Worte gekleidet. Der verfolgte Dichter, der von all seinen Freunden im Stich gelassen wurde, der der Hetzjagd gnadenloser Feinde rücksichtslos ausgesetzt wurde, nimmt Zuflucht zu seinem einzigen, unerschütterlichen Halt und Trost; beim Gott der Ewigkeit, wie er Ihn in seinem Herzen greifbar und lebendig erlebt. Vor seinem treuen und teuren Partner darf er sein beschwertes Herz hemmungslos ausschütten; darf er in kräftigsten, krassesten, sprachlichen Färbungen sein derzeitiges menschenunwürdiges Dasein vor Gott abbilden. Seit frühesten biblischen Zeugnissen kennzeichnet orientalisch-biblische Denker und Dichter die hemmungslose Freimütigkeit und verbale *Unkontrolliertheit* ihres von Schmerz überfließenden Herzens. Das Herz schreit nach Erleichterung, Entlastung und Befreiung. Im Dienst der Entlastung und Befreiung seelischer Not dürfen alle situativ aufsteigenden Vorwürfe, Anklagen und Ausdrücke tiefster Selbstbemitleidung zu Wort kommen. Jede noch so gewagte und deutlich übertriebene Artikulation des elenden Seelenzustandes: „Ich aber bin ein Wurm und kein Mensch" darf verbal nach außen getragen werden. Vor dem Gott des bedingungslosen Zuhörens und Gegenwärtigseins muss der betende Diener Gottes kein Blatt vor den Mund nehmen.

Wenn wir den ersten Satz auf der Grundlage des hebräischen Originalwortlauts betrachten, muss er korrigiert werden: „Mein Gott, mein Gott, *wozu* hast du mich verlassen?" Die Ersetzung des rückwärtsgerichteten Fragewortes *warum* in das vorwärtsgerichtete Fragewort *wozu* nimmt dem gesamten Psalm die ihm oft unterstellte Grundstimmung der abgrundtiefen Sinnlosigkeit und Aussichtslosigkeit in der Haltung des Beters. Der Beter weiß implizit auszudrücken, dass seine seelische Erfahrung von Verlassenheit bei Gott, dem Adressaten seines Flehens, eine völlig andere Bedeutung und Perspektive einzunehmen vermag. Sein tiefer Schmerz entspringt lediglich einer vorübergehenden, subjektiven Erfahrung, die mit der göttlich allumfassenden Sicht und göttlich planvollen Führung seines Lebens keinesfalls korrespondiert. Indem der Psalmist das Fragewort *wozu* benutzt, artikuliert er die felsenfeste Gewissheit, dass sein Leiden, mag es noch so viele Fragen in seinem Inneren aufwerfen, auf ein göttlich verantwortetes, größeres Ziel hinausläuft. Aus der Sicht des Fragestellers impliziert das bloße Stellen dieser brennenden, lebensziel-orientierten Frage, dass er eine ihm noch verborgene Antwort bei seinem Gott präsent weiß und zu hören erwartet. Der notleidende Psalmist artikuliert in der Fortsetzung des Psalms die vielen Einzelheiten seiner Not, auf Basis seiner intakten, intensiven und intimen Beziehung zu seinem Gott. Er enthält seinem Partner-Gott keine einzige Einzelheit seines Elends vor, sondern präsentiert sein ganzes Geschlagen-Sein, sein Niedergeschlagen-Sein seinem Gott und verschafft sich damit die ersehnte seelische Befreiung. Inmitten seines leidgeprägten Aufschreis zu seinem Gott entsinnt sich der Psalmist erleuchtungsvoll der Größe, der Heiligkeit und der überragenden Präsenz seines Schöpfers in der geschichtsträchtigen Vergangenheit und Gegenwart seines Volkes Israel. Mit der ehrerbietigen, erhabenen Formulierung: „Aber du bist heilig, du thronst über dem Lobpreis Israels“ zieht sich der Beter eigenhändig aus dem Sumpf des Elends und der Elegie heraus. Er entsinnt sich der großen Rettungstaten seines Gottes seinem Volk gegenüber in den vielen, schmerzhaften Episoden und Epochen seines biblischen Werdeganges. Daraus ableitend, kann er sich ermutigt in seinem Leid von Gott getragen und auf ein noch unbekanntes Ziel zu-geführt wissen – *wo-zu*. Es wird mit ihm nicht zu Ende gehen. Genauso wenig, wie es mit seinem geliebten jüdischen Volk im Laufe von dessen langer biblischen Geschichte zu Ende ging. Selbst der körperliche Tod kann ihm kein endgültiges Ende bereiten, kehrt doch dann seine ihm von Gott bei Geburt eingehauchte Seele zu ihrem göttlichen Ursprung zurück. „Von Geburt an bin ich geworfen auf dich, vom Mutterleib an bist du mein Gott“, weiß der Mut fassende Beter auszurufen. Seine plötzliche Erleuchtung durch das innere Gewahrwerden der geschichtlichen Größe Gottes spornt ihn an, seine durch Selbstbemitleidung getragene Selbstbetrachtung, mag sie ihm bisher noch so wichtig erschienen sein, zu beenden. Er erweitert seinen inneren Blick im Hinblick auf die nie versiegenden Rettungs-Ressourcen seines unendlichen Gottes.

Voller Zuversicht kann er folgende Worte ausrufen, deren Adressat sowohl der rettende Gott selbst *Du-hast* ist, als auch die gesamte Gemeinschaft seiner jüdischen Brüder und Schwestern *Er-hat-nicht* ist, denen gegenüber er hoffnungsvoll Zeugnis abzulegen begehrt: „Du hast mir Antwort gegeben. [...] Denn er hat nicht verachtet, nicht verabscheut des Elenden Elend. Er hat sein Angesicht nicht verborgen vor ihm“. Angetrieben durch diese innere Fokusverschiebung vom leidenden *Ich* zum rettenden *Du*, spürt der Beter seine tiefe Verpflichtung, der Gemeinschaft gegenüber als Vorbild und Impulsgeber zu dienen. Er überschreitet die gegenwärtige, äußere Not, so sehr diese ihn zu umklammern und zu erdrücken droht, und sieht sich hinweg getragen in eine künftige, beglückende Gemeinschaftserfahrung, in der er über Gottes Rettung triumphierend berichten wird. „Ich will deinen Namen meinen Brüdern verkünden, inmitten der Versammlung dich loben.“ Diese leuchtende Vision vermag ihm einen radikalen Perspektivenwechsel zu schenken. Von nun an wendet sich der Verfasser beglückt seinen Glaubensgeschwistern sowie der gesamten Menschheit zu. Dies verbindet er mit dem Appell, statt sich selbst Gott, der nie versagt und nie verschwindet, in den Mittelpunkt alles Denkens und Erwartens zu rücken. Seine neu gewonnene Leidenschaft inmitten des Leids schafft ein neues Sendungsbewusstsein, das er in beherzte Worte kleidet: „Alle Enden der Erde sollen daran denken/ und sich zum Herrn bekehren: Vor dir sollen sich niederwerfen alle Stämme der Nationen. Denn dem Herrn gehört das Königtum“. König Davids neu entflammte Euphorie im Angesicht der rettenden Präsenz Gottes feuert ihn an, die vorübergehende körperliche Erniedrigung als spirituelles Sprungbrett zu nutzen. Es ist ein spirituelles Sprungbrett zur Vision einer kraftstrotzenden Verkündigung vor großer Menschenmenge, über die grenzenlosen Möglichkeiten Gottes jedes Leid in neues Leben zu verwandeln. Das erfahrene Unrecht in der Gegenwart dient ihm dazu, eine Vision der Zukunft zu entfalten und detailliert auszugestalten, deren tragende Stützpfeiler Gottes Größe und Seine Rettungstaten sein werden. „Nachkommen werden ihm dienen. Vom Herrn wird man dem Geschlecht erzählen, das kommen wird. Seine Heilstat verkündet man einem Volk, das noch geboren wird". Der erzählerische Kreis des Psalms darf sich schließen. Der Psalmist hat sein anfängliches, erdrückendes Leid verwandelt in ein großes Lied der gesamten, zum Lob aufgerufenen Menschheit. Es ist ein gewaltiges Lob über Gottes Weite und unbegrenzte Einsatzmöglichkeiten im Dienste des zu Gott hin wachsenden und reifenden Erdenbürgers.

23 Der gute Hirte

Der gute Hirte

1 Ein Psalm Davids. Der HERR ist mein Hirt, nichts
wird mir fehlen. **2** Er lässt mich lagern auf grünen Auen
und führt mich zum Ruheplatz am Wasser. **3** Meine
Lebenskraft bringt er zurück. Er führt mich auf Pfaden
der Gerechtigkeit, getreu seinem Namen. **4** Auch wenn
ich gehe im finsteren Tal, ich fürchte kein Unheil; denn
du bist bei mir, dein Stock und dein Stab, sie trösten
mich. **5** Du deckst mir den Tisch vor den Augen meiner
Feinde. Du hast mein Haupt mit Öl gesalbt, übervoll ist
mein Becher. **6** Ja, Güte und Huld werden mir folgen
mein Leben lang und heimkehren werde ich ins Haus
des HERRN für lange Zeiten.

In diesem kurzen, jedoch mächtigen und berühmten Psalm strahlt uns eine große und glänzende Gewissheit aus dem Munde des gottzugewandten Psalmendichters entgegen. Der Dichter eröffnet seine lebhafte, vor Enthusiasmus sprühende Danksagung mit einer lapidaren Feststellung, die seiner innersten, aus reicher Lebenserfahrung gespeisten Überzeugung entspringt. Er vergleicht die Nähe seines himmlischen Vaters zu ihm, dem bedürftigen Erdenbürger, mit der Nähe eines treuen, orientalischen Hirten zu seinen behüteten Schafen auf der Weide in seiner fruchtbaren Heimat bei Betlehem. Er weiß als erfahrener Hirte zu berichten, dass die Sorgfalt, Ruhe und Hingabe, mit der der Hirte seine ihm anvertraute Herde zu weiden und vor jeder Gefahr zu beschützen versteht. Dies entspricht der Hingabe und nie versiegenden Fürsorge seines Schöpfers. Die im biblischen Orient praktizierte Fürsorge-Beziehung zwischen Hirte und Herde ist ein häufig wiederkehrendes, biblisches Bild für die Verbundenheit zwischen Schöpfer und seinen irdischen Geschöpfen. Sind doch die wehrlosen Tiere in besonderem Maße auf Schutz und Führung ihres Hüters angewiesen. Ergreifend ist die unerschütterliche Gewissheit, mit welcher der Psalmist seine gegenwärtig gelingende Beziehung zu Gott in die Zukunft ausstrahlt. Gemäß hebräischem Originaltext schreibt der Dichter: „nichts wird mir je mangeln“. Der erfahrene Hirte verkündet seinen Hörern die Verlässlichkeit der Beziehung zwischen Hirte und Herde. Die Herde kann sich bedingungslos auf die Treue und Verantwortung des Hirten einlassen und verlassen, da die in der Vergangenheit und Gegenwart gemachte Erfahrung für Kontinuität in der Zukunft bürgt. Es folgen etliche bewundernswerte Bekundungen der allumfassenden Behütung durch Gott, die Gott als Lenker und Leiter seines Lebens in den Mittelpunkt seines menschlichen Handelns stellen. Die Betonung der göttlichen Gerechtigkeit, der sich der Verfasser so dankbar zu unterwerfen weiß, ist hervorzuheben. Die Maxime der göttlichen Gerechtigkeit ist dem Psalmisten aus seiner geliebten Tora, dem Gesamtwerk der Heiligen Schrift, umfassend vertraut. Sie zieht sich als roter Faden durch die gesamte biblische Ethik. Diese in Hebräisch genannte ZEDAKA verpflichtet den Gottergebenen Menschen zu einer ganzheitlich empathischen, gebefreudigen und *verteilungsfreundlichen* Menschlichkeit aller Menschen untereinander. Dieses biblische Gerechtigkeitsverständnis überschreitet gesetzlich geforderte, rein formalistische Anforderungen dem bedürftigen Nächsten gegenüber. Gefordert ist die dem Herzen entspringende materielle Gabe sowie spirituelle Hingabe gegenüber dem jeweiligen Nächsten, dem nahe-stehenden Menschen. Ausgehend von Gottes selbst praktizierten und vom Beter des Psalms tief erlebten ZEDAKA, verkündet der Gläubige seine tiefe Erkenntnis, Gottes Nähe und Treue selbst in dunkelsten Stunden zu erfahren. Gottes übernatürliche Nähe und Fürsorge verlassen ihn zu keinem Zeitpunkt. Sie sind Frucht seiner engagierten Beziehungsgestaltung zu Gott in hellen Stunden. Die bergende und behütende Gegenwart des Schöpfers begleitet ihn unaufhörlich. Die bedrohlichen Erfahrungen mit allgegenwärtigen Feinden auf Erden dürfen nicht ausgeschlossen werden. Der Psalmist versichert dem Leser, dass sein Gott der Nähe und steten Begleitung ihn vor den Augen seiner Aggressoren reichlich belohnen und bewirten wird. Kein noch so düsterer und bedrängender äußerer Umstand kann den Gottesmenschen in unentrinnbare Verzweiflung oder Verlorenheit stürzen. Der Psalmist weiß siegessicher mitzuteilen, dass Gottes beschützende Präsenz ihn in der Gegenwart seiner Feinde stark und widerstandsfähig macht. Vor deren feindlich gesinnten Augen wird ihn Gott mit dem kostbaren Öl der Weihung zum König über Israel demonstrativ salben und ihm königliche Gerichte auf der königlichen Tafel anrichten. Die vor den Augen der Feinde feierlich hergerichtete königliche Tafel birgt die Aussicht, die Feinde zu sich zu laden und somit ihre bösartige Gesinnung zu verwandeln; aus Feinden Freunde zu machen. Mein weiser Vater Pinchas Lapide prägte den Begriff der *Entfeindungsliebe*. Eine entwaffnende Liebe, die darin besteht, dem Feind mit angstfreiem, gewinnendem Herzen in Verbindung mit charakteristisch orientalischer Gastfreundschaft zu begegnen. Diesem werden somit jeder Grund und Anlass zur Feindseligkeit genommen. Die hinter der Feindseligkeit verborgen angelegte Nächstenliebe kann sich durch eine solch einfache, pragmatische *Entfeindungsstrategie* frei ausdrücken und zur erwarteten Befreundung führen. Diese beglückende wie unkomplizierte *Entfeindungspraxis* führt den Beter zur spirituellen Erfahrung der Fülle, die er in der reichen Symbolik der hebräischen Sprache mit dem überfließenden Becher des Glücks und der Dankbarkeit zum Ausdruck bringt. Er ist sich gewiss, dass ihn in den vielfältigen Herausforderungen des Lebens durch die Nähe zu seinem Schöpfer auf Basis der von Ihm geforderten herzgesteuerten Menschlichkeit nur Gutes und Beglückendes erwarten werden. Diese Einsicht ist die Quintessenz seines erfahrungsreichen Lebens als König in Israel und es drängt ihn danach, seine Hörer und Leser in allen Generationen damit zu befruchten und zu beflügeln. Der Beter beschließt den Psalm mit der felsenfesten Zuversicht, am Ende seiner Erdenreise aus der diesseitigen Zerstreutheit der angenehmen wie unangenehmen, bedrängenden wie beglückenden Lebensbedingungen in die Ewige Heimat der unendlichen Gemeinschaft mit Gott zurückzukehren. Diese beruhigende und befreiende Zuversicht gibt seinem ganzen irdischen Wirken die nötige Durchhaltekraft, Ausdauer und Zukunftsperspektive.

27 Leben in Gemeinschaft mit Gott

Leben in Gemeinschaft mit Gott

1 Von David. Der HERR ist mein Licht und mein Heil:
Vor wem sollte ich mich fürchten? Der HERR ist die
Zuflucht meines Lebens: Vor wem sollte mir bangen?
2 Dringen Böse auf mich ein, um mein Fleisch zu
verschlingen, meine Bedränger und Feinde; sie sind
gestrauchelt und gefallen. **3** Mag ein Heer mich
belagern: Mein Herz wird nicht verzagen. Mag Krieg
gegen mich toben: Ich bleibe dennoch voll Zuversicht.
4 Eines habe ich vom HERRN erfragt, dieses erbitte
ich: im Haus des HERRN zu wohnen alle Tage meines
Lebens; die Freundlichkeit des HERRN zu schauen und
nachzusinnen in seinem Tempel. **5** Denn er birgt mich
in seiner Hütte am Tag des Unheils; er beschirmt mich
im Versteck seines Zeltes, er hebt mich empor auf
einen Felsen. **6** Nun kann sich mein Haupt erheben
über die Feinde, die mich umringen. So will ich Opfer
darbringen in seinem Zelt, Opfer mit Jubel, dem
HERRN will ich singen und spielen. **7** Höre, HERR,
meine Stimme, wenn ich rufe; sei mir gnädig und gib
mir Antwort! **8** Mein Herz denkt an dich: Suchet mein
Angesicht! Dein Angesicht, HERR, will ich suchen.
9 Verbirg nicht dein Angesicht vor mir; weise deinen
Knecht im Zorn nicht ab! Du wurdest meine Hilfe.
Verstoß mich nicht, verlass mich nicht, du Gott meines

Heils! **10** Wenn mich auch Vater und Mutter verlassen,
der HERR nimmt mich auf. **11** Weise mir, HERR, deinen
Weg, leite mich auf ebener Bahn wegen meiner Feinde!
12 Gib mich nicht meinen gierigen Gegnern preis; denn
falsche Zeugen standen gegen mich auf und wüten!
13 Ich aber bin gewiss, zu schauen die Güte des HERRN
im Land der Lebenden. **14** Hoffe auf den HERRN, sei
stark und fest sei dein Herz! Und hoffe auf den HERRN!

Wie stark muss ein gläubiger Mensch in Gott gegründet und gehalten sein, um der Zuhörerschaft seines Wirkungskreises so gewaltige Worte, wie wir sie im ersten Satz dieses Psalms vorfinden, zu verkünden?

Welch starker Schutz, welch mächtige Rettung müssen diesem Menschen widerfahren sein, um seinen Schöpfer mit bedingungslosen Worten der Verehrung und Verherrlichung in der Öffentlichkeit zu rühmen? Die ersten drei Sätze des Psalms sind in der Tat ein tiefes und authentisches Herzensbekenntnis ihres Verfassers über die Unerschütterlichkeit seiner Beziehung zu seinem Gott. Ohne die geringste Relativierung, ohne die geringste Minimierung, proklamiert der überzeugte Dichter das bewährte und gewachsene – Gott genannte – Vertrauensfundament gegenüber seinen Hörern. David, *der geliebte Mann Gottes*, tritt vor den Leser nicht nur als begabter Psalmendichter. Er tritt vor ihn als der große, erprobte Kämpfer Israels, der Kämpfe im Auftrag seines Gottes zu kämpfen hatte wie kein anderer Mann seines Volkes. Sämtliche in der Bibel überlieferten Berichte über den Kämpfer David porträtieren einen Mann mit geradliniger und willensstarker Entschlossenheit. Er nahm zu Ehren Gottes den Kampf gegen die Gegner seines Volkes auf, um sie zu gewinnen. Die Schrift weiß uns zu berichten, dass der zum König berufene Kämpfer in den härtesten Stunden seines Lebens weder Zögern noch Zaudern kennt. Seine natürliche Verbindung zur nie versiegenden Quelle seines Lebens ist solide und lebendig. Es spielt für ihn keine Rolle, ob er als Hirte seines Vaters Löwen und Bären eigenhändig zerreißt oder als König über das wachsende israelitisch-judäische Imperium Feldzüge gegen aggressive Feinde führt. Unvergesslich bleibt dem kundigen Bibelleser der Kampf des jungen Hirten David gegen den philistäischen Riesen Goliat, welchen David in feurigem Gottvertrauen mit spielerischer Leichtigkeit zu erlegen versteht. Die Summe seiner lebenslangen Gefechte und Kämpfe zum Wohle seines Volkes und zum Wohle des jüdischen Großreiches bilden die Basis, die er in diesem Vertrauenspsalm als Sicherheit und Geborgenheit in Gott proklamiert. Was die theologisch-spirituelle Ausstrahlung dieses Psalms so herausragend werden lässt, ist die Erkenntnis des Psalmisten, wonach es einer lebenslangen *Beziehungspflege* gegenüber seinem Schöpfer bedarf. Im Psalm betont der Dichter mehrfach die unabdingbare Kontinuität der vertrauensvollen Hingabe an seinen überirdischen Verbündeten und Garanten seiner irdischen Kämpfe. Den Mann Gottes lullt kein noch so ruhmreicher Sieg in die Illusion der Bequemlichkeit und Leichtfertigkeit im Umgang mit den Aufgaben auf dem *Kampffelde des Lebens* ein. Jeder neue äußere Sieg, jede neue göttliche Beistandserfahrung muss auf der Herzensebene zuvor *errungen* werden. Der meisterhafte Dichter und Kämpfer David ermutigt seine Hörer zu lebenslanger, persönlicher Vertrauensausweitung im Hinblick auf den Erschaffer und Lenker des Lebens. Das wachsende Vertrauen in seinen größten *Partner im*

Leben dient nicht nur der Sicherung der äußeren Siege und territorialen Expansionen. Der Beter weiß uns zu berichten, dass das Primärziel in der Erfahrung zunehmender Nähe und Verbundenheit mit Gott als Urgrund des Lebens besteht. Vor Gott begehrt der Beter: „im Haus des HERRN zu wohnen alle Tage meines Lebens; die Freundlichkeit des HERRN zu schauen und nachzusinnen in seinem Tempel." Der Tempel, das Haus des Herrn, darf metaphorisch für die spirituell-religiöse Gemeinschaft mit dem Schöpfer verstanden werden. Unverhohlen drückt König David sein Verlangen nach Intimität mit Gott aus, in Gottes heiliger Nähe zu wohnen, Gottes übernatürliche Zuwendung sinnenhaft zu spüren und die Nähe zum Schöpfer ein Leben lang zu vertiefen. Alle äußeren, materiellen Aufgaben des Lebens sind demgemäß teleologisch, zielgerichtet und zweckgebunden, als Hinführung zu dieser zentralen Aufgabe des Menschen auf Erden zu betrachten. Mit den Worten: „Ich aber bin gewiss, zu schauen die Güte des HERRN im Land der Lebenden" fasst der Psalmenbeter erwartungsvoll seine Reflexionen zusammen. Gott ist die spirituelle Manifestation des grundlegend Guten im Gegensatz zur Verkörperung des manifest Bösen, welches die *Feinde und Bedränger* des Psalmisten sind. König David drückt die tiefe Gewissheit aus, jenseits aller Kämpfe auf Leben und Tod, jenseits aller irdischen Spannungen und Spaltungen, den Sieg des Lebens über jede Vernichtungsabsicht seiner Gegner zu seinen Lebzeiten zu erleben. Das Geheimnis und die Erhabenheit des *Prinzips Leben*, welches dem *gütigen Gott* der Schöpfung wesenhaft entspringt, wird über das Gottwidrige *Prinzip des Bösen* siegen. Diese zutiefst metaphysische Überzeugung lässt den Psalmautor die spirituelle Brücke der Hoffnung beschreiten. Zweifach redet er von der Kraft der Hoffnung, das Wort am Ende des ermutigenden Psalmgebetes. Hoffnung in Verbindung mit und in Ausrichtung auf Gott ist eine unverzichtbare Lebensäußerung des wachsenden und reifenden Menschen auf Erden. Hoffnung stärkt das pulsierende Herz des *Einzelgängers* Mensch. Diesem *Einzelgänger* wird es trotz *Herdentriebs* nicht erspart bleiben, im spannungs- und konfliktgeladenen Lebensprozess seine Einzigartigkeit als gottgewolltes Individuum zu entdecken und zu fördern. Die Besinnung auf den letztendlichen Sieg des göttlich Guten wird durch die Aktivierung der persönlichen Hoffnungskraft den so handelnden Gläubigen verwandeln. Er wird verwandelt zu einem Menschen mit neuer Lebenshaltung und neuem Lebensverständnis, in enger Anbindung an die tiefste Quelle seiner Existenz.

34
Unter Gottes Schutz und Leitung

Unter Gottes Schutz und Leitung

1 Von David. Als er sich vor Abimelech wahnsinnig
stellte und dieser ihn wegtrieb und er ging. **2** Ich will
den HERRN allezeit preisen; immer sei sein Lob in
meinem Mund. **3** Meine Seele rühme sich des HERRN;
die Armen sollen es hören und sich freuen. **4** Preist mit
mir die Größe des HERRN, lasst uns gemeinsam seinen
Namen erheben! **5** Ich suchte den HERRN und er gab
mir Antwort, er hat mich all meinen Ängsten entrissen.
6 Die auf ihn blickten, werden strahlen, nie soll ihr
Angesicht vor Scham erröten. **7** Da rief ein Armer und
der HERR erhörte ihn und half ihm aus all seinen Nöten.
8 Der Engel des HERRN umschirmt, die ihn fürchten,
und er befreit sie. **9** Kostet und seht, wie gut der
HERR ist! Selig der Mensch, der zu ihm sich flüchtet!
10 Fürchtet den HERRN, ihr seine Heiligen; denn die ihn
fürchten, leiden keinen Mangel. **11** Junglöwen darbten
und hungerten; aber die den HERRN suchen, leiden
keinen Mangel an allem Guten. **12** Kommt, ihr Kinder,
hört mir zu! Die Furcht des HERRN will ich euch lehren!
13 Wer ist der Mensch, der das Leben liebt, der Tage
ersehnt, um Gutes zu sehen? **14** Bewahre deine Zunge
vor Bösem; deine Lippen vor falscher Rede! **15** Meide
das Böse und tu das Gute, suche Frieden und jage ihm
nach! **16** Die Augen des HERRN sind den Gerechten

zugewandt, seine Ohren ihrem Hilfeschrei. **17** Das
Angesicht des HERRN richtet sich gegen die Bösen, ihr
Andenken von der Erde zu tilgen. **18** Die aufschrien,
hat der HERR erhört, er hat sie all ihren Nöten
entrissen. **19** Nahe ist der HERR den zerbrochenen
Herzen und dem zerschlagenen Geist bringt er Hilfe.
20 Viel Böses erleidet der Gerechte, doch allem wird
der HERR ihn entreißen. **21** Er behütet all seine Glieder,
nicht eins von ihnen wird zerbrochen. **22** Den Frevler
wird die Bosheit töten, die den Gerechten hassen,
werden es büßen. **23** Der HERR erlöst das Leben seiner
Knechte, niemals müssen büßen, die bei ihm sich
bergen.

Dies ist ein hoffnungsgewisser und glaubensgefestigter Psalm mit autobiographischem Hintergrund aus dem Leben des Königs David, als dieser noch Thronanwärter war. Die zugrundeliegende biographische Erzählung lässt sich im ersten Buch des Propheten Samuel Kapitel 21, Verse 11 bis 18 lesen. Dort wird der betreffende König der Philister, Achisch, genannt. Es ist zu vermuten, dass dieser israelfeindliche König mit zwei Namen seitens König David und der Israeliten bezeichnet wurde: Abimelech und Achisch. Von den 23 Versen des Psalms sprechen nur die ersten 8 Verse von konkret erfahrenem Leid im Angesicht von Verfolgung und Demütigung durch den feindlichen Philisterkönig und sein Heer. Die letzten 15 Verse bilden eine ununterbrochene Kette aus tiefstem Herzen sprudelnder Danksagungen und Anerkennungen des weisen und allmächtigen Königs der Schöpfung, der im Gegensatz zu menschlich begrenzten Königen umfassende und weitsichtige Macht in Händen hält. Mit welch überzeugender Klarheit kann der lobende Psalmist seine sonoren Worte ausrufen: „Da rief ein Armer und der HERR erhörte ihn und half ihm aus all seinen Nöten." Welch tiefes Vertrauen inmitten bitterer Verfolgungen in die beständige Nähe und Rettung durch seinen Gott der Väter muss der dichterische Psalmist entwickelt haben, um zu dieser allgemeingültigen Gewissheit gelangen zu können! Der Verfasser eröffnet uns nicht, wie die Hilfe, die Rettung, in den konkreten, belastenden Situationen beschaffen war. Welchen physischen und psychischen

Preis, welche persönlichen Opfer er bezahlen musste. Er versichert den Leser und Beter aller Generationen jedoch, dass er rettende Hilfe von seinem Gott in allen bedrückenden Situationen empfangen durfte, wodurch er sich veranlasst sieht, sein grenzenloses Gottvertrauen triumphierend zu verkünden. Der Dichter wechselt in typischem Psalmenstil nach seiner persönlichen Rettungsmitteilung zur leidenschaftlichen Aufforderung an alle zuhörenden Zeitgenossen über, ihrerseits in großer Lernbereitschaft es ihm gleichzutun und nur bei Gott, dem Schöpfer, Rettung und Aufnahme zu finden. Faszinierend ertönt die Selbstoffenbarung des großen Gottesmannes in den Worten des 5. Verses, die wie eine seelsorgliche, geradezu seelentherapeutische Empfehlung anmutet: Wer Gott intensiv aufsucht, wird stets Antwort bekommen und Gott wird den Angefochtenen von seinem schlimmsten Feind befreien: der erdrückenden und lähmenden Angst vor dem äußeren Feind. Der Psalmenautor ruft beherzt dazu auf, in jeder nur erdenklichen Lebenssituation die innere Beziehung zu Gott wachzuhalten und zu dynamisieren. Dies basiert auf der tiefen Gewissheit, dass Gott, der Regent der Regenten, niemals den Überblick über das Geschehen auf Erden, sei es noch so turbulent und erdrückend, verlieren wird. Der Meister der Psalmendichtung lädt in euphorischer Siegesstimmung und hingebungsvoller Unterweisungsabsicht jeden lernwilligen Gottsucher dazu ein, jedem Übel dadurch vorzubeugen, dass er das Böse entschieden meidet und sich dem Guten zuwendet. Das Böse bekommt greifbare Züge. Es beginnt beim einzelnen Individuum durch dessen böses Sinnen, das sich, wenn nicht rechtzeitig erkannt und gebannt, freien Lauf verschafft durch feindselige, argwöhnische, verleumderische Äußerungen. Der Psalmist erkühnt sich, eine gewaltige und urmenschliche Wahrheit auszusprechen. Wer in Sicherheit und Frieden mit seinem Nächsten leben will, muss Gottes biblische Ethik der Zwischenmenschlichkeit beachten und praktizieren. Der äußere Friede beginnt im Inneren des Menschen und strahlt nach außen aus. Das hebräische Wort für Frieden SCHALOM bedeutet in seiner hebräischen Originalsprache *Ganzheit*, *Geschlossenheit*, *Integrität*, *Ungeteiltheit*, *Einheitlichkeit* und geht somit weit über die gängige Übersetzung *mit Frieden*, im Sinne von Waffenstillstand und Kampflosigkeit, hinaus. Der Psalmist lehrt, dass der hoch erstrebenswerte, innere Zustand der ungespaltenen Einheit mit sich und allen mitgeschaffenen Erdenbewohnern die ideale Voraussetzung für Konfliktvermeidung und Kriegsprävention im Äußeren bildet. Sieht Gott, der allumfassende *Hausherr* der Schöpfung, so der Rat des gläubigen Dichters, die geläuterte, aufrichtige Herzensgesinnung des Gläubigen, wird Er ihm als Lohn für seinen engagierten Liebesdienst stets aus den Händen des Widersachers erretten. Gottes grenzenlose Güte will sich im Leben eines jeden seiner menschlichen Geschöpfe manifestieren. Gott erwartet jedoch die tatkräftige Mitarbeit und Mitverantwortung des Menschen im zwischenmenschlichen Schöpfungsgeschehen. Der Psalmen-Meister kontrastiert antithetisch die Frevler, die Gottes partnerschaftliches Angebot zur Zusammenarbeit mit dem Schöpfer, unbelehrbar und uneinsichtig verweigern, zu den Gerechten, die an der fruchtbaren Zusammenarbeit mit ihrem Schöpfer interessiert sind. Das Leben des Frevlers, des erklärten Rebellen gegen Gott und Seine Schöpfungsordnung auf Erden, wird nicht von langem Bestand bleiben. Dieser missachtet die göttliche *Hausordnung* der Schöpfung und weiht sich damit eigenhändig dem Untergang. Der Gerechte hingegen, der Gott und Seine Schöpfungsordnung liebt und ehrt, darf sich der göttlichen Barmherzigkeit, Gnade und Lebensrettung im Angesicht des frevelhaften Verhaltens der Frevler gewiss sein. Der lebenserprobte Psalmenverfasser verlautbart unmissverständlich: Gott ergreift gemäß seiner wesensmäßigen Natur Partei für seine Verbündeten, seine treuen und teuren Anhänger, seine *Alliierten* und Protagonisten in der Wahrung der ewigen Schöpfungsprinzipien. Der Frevler, der das Prinzip des Bösen, des Schöpfungswidrigen, verkörpert und ausagiert, ist kein Freund des Schöpfers. Er ist der ewige Antagonist des gottzugewandten Gerechten, der sein eigenes Dahinschwinden wählt und besiegelt. Durch dessen zuverlässig absehbare, irdische Abberufung ist dem Gerechten die ersehnte Erlösung zugesichert. Gott ist und bleibt der verlässliche Erlöser seiner Verbündeten. Sie dürfen ihm stets vertrauen und auf ihn bauen.

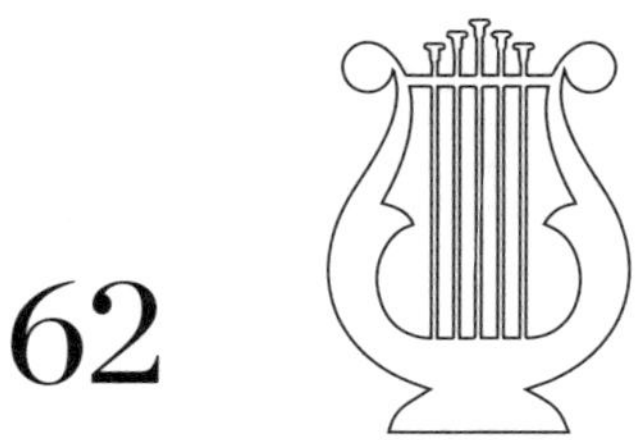

62

Vertrauen auf Gottes Macht und Huld

Vertrauen auf Gottes Macht und Huld

1 Für den Chormeister. Nach Jedutun. Ein Psalm
Davids. **2** Bei Gott allein wird ruhig meine Seele, von
ihm kommt mir Rettung. **3** Er allein ist mein Fels und
meine Rettung, meine Burg, ich werde niemals wanken.
4 Wie lange stürmt ihr heran gegen einen Einzelnen, ihr
alle, um ihn zu morden, wie gegen eine Wand, die sich
neigt, eine Mauer, die einstürzt? **5** Ja, sie planen, ihn von
seiner Höhe zu stürzen; Lügen ist ihre Lust. Mit dem
Mund segnen sie, in ihrem Inneren aber verfluchen sie.
[Sela] **6** Bei Gott allein werde ruhig meine Seele, denn
von ihm kommt meine Hoffnung. **7** Er allein ist mein
Fels und meine Rettung, meine Burg, ich werde nicht
wanken. **8** Bei Gott ist meine Rettung und meine Ehre,
mein starker Fels, in Gott ist meine Zuflucht. **9** Vertraut
ihm, Volk, zu jeder Zeit! Schüttet euer Herz vor ihm aus!
Denn Gott ist unsere Zuflucht. [Sela] **10** Nur Windhauch
sind die Menschen, nur Trug die Menschenkinder. Sie
schnellen empor auf der Waage, leichter als Windhauch
sind sie alle. **11** Vertraut nicht auf Unterdrückung,
verlasst euch nicht auf Raub! Wenn der Reichtum
wächst, verliert nicht euer Herz an ihn! **12** Eines hat Gott
gesprochen, zweierlei hab ich gehört: Ja, die Macht ist
bei Gott **13** und bei dir, mein Herr, ist die Huld. Denn du
wirst vergelten einem jeden nach seinem Tun.

Aus dem Mund des Psalmenverfassers tönt uns eine gottverherrlichende Selbstmitteilung entgegen: „Bei Gott allein wird meine Seele ruhig". Dieser kategorisch verlautbarten Überzeugung liegt eine tiefe und gereifte Selbsterkenntnis zugrunde. Trotz ihres feierlichen, öffentlichen Verkündigungscharakters in der Gemeinde der Gläubigen lässt sie erahnen, welch schmerzhaften, inneren Kampf der Psalmist gefochten haben muss, um diese erhabene Aussage aussprechen zu können. Der Dichter lässt uns aufgrund seiner äußeren, nationalen wie auch persönlichen Kämpfe und Krisen als König über Israel Anteil nehmen an seinen inneren Prozessen der Läuterung und Transformation. Der aufmerksame Leser hört von Zeile zu Zeile zunehmend die Gewissheit und Entschiedenheit heraus, mit der der Dichter beabsichtigt, seine mächtige Seelen-Errungenschaft kundzutun. Kein anderer Halt auf Erden ist so mächtig wie der Halt in Gott, seinem Schöpfer, der in ihm, dem Dichter, seinem irdischen Freund, unvermutete und unerschöpfliche Überlebens- und Lebensressourcen freisetzt. Ausgestattet mit solch überirdischen, seelischen Ressourcen, kann der angefochtene König all seinen irdischen Feinden und Bedrängern mutig die Stirn bieten. Er kann sie *erhabenen* Hauptes in ihrer unfundierten, maßlosen Überheblichkeit verhöhnen. Er ist in der geistigen Lage, die falsche Gesinnung seiner Gegner zu durchschauen. Er erkennt ihre Unaufrichtigkeit und Zwiespältigkeit, die die unausbleibliche Folge ihrer fehlenden Verbundenheit mit ihrem Schöpfer und ihrer blinden Fixierung auf niedere Motive und Ziele sind. Gott in Seiner Dimension als *Rettung, Hoffnung, Fels und Burg* kann nur derjenige wahrnehmen und sich unerschütterlich zu eigen machen, der die menschlichen Abgründe in ihren hässlichsten Fratzen erlebt und überlebt hat. Nur derjenige, der sich von jeder Illusion menschlicher Größe und menschlichen Anstands in den verdunkelten Herzen seiner erbitterten Gegner verabschiedet hat, bekommt die Gnade der Erleuchtung, allein in Gott dem Schöpfer, die Quelle aller Hilfe und Rettung zu sehen. Nur diese nie versiegende, schöpferische Kraftquelle vermag dem Dichter die notwendende Geistes- und Körperkraft zu geben, um gegen seine einsichtslosen Feinde den Sieg zu erringen. Die befreiende Abwendung des Blicks von der äußeren Bühne des Lebens mit ihren Spannungen, Anfeindungen und allgegenwärtigen Bedrohungen und die Hinwendung zur inneren Präsenz Gottes setzt im pochenden Herzen des Psalmendichters eine erlösende Neuorientierung frei. Die Bedrohlichkeit seiner vielfältigen Lebenssituationen wird für ihn zunehmend zum geistig-geistlichen Sprungbrett zu Gott als zuverlässigstem Verbündeten in jeder kritischen und krisenhaften Lage. Er sieht sich nicht mehr innerlich isoliert und nur mit seinen materiellen Waffen ausgerüstet dem bedrohlichen Feind in der Arena des Lebens ausgesetzt. Er hat seinen treuen, jederzeit Rat gebenden, überirdischen Bündnispartner gefunden. Verglichen mit diesem mächtigen Bündnispartner, so kann der Dichter selbstgewiss verkünden, verblassen seine Gegner, verblasst jeder überhebliche, gottlos lebende Mensch ins Bedeutungslose, ins Gewichtlose, ins Nichtexistierende. Wie viele Jahre später sein Sohn König Salomo in seinem Werk Kohelet von der niederschmetternden Vergänglichkeit menschlichen Lebens berichten wird, warnt auch König David vor der verheerenden Illusion menschlicher Allmacht und Unsterblichkeit. Der dichterische König rückt mittels schonungsloser Selbsterkenntnis der eigenen unentrinnbaren, schicksalhaften Endlichkeit auf Erden die bei vielen Mitmenschen ins Vergessen geratene Rollenverteilung zwischen Schöpfer und Geschöpf unmissverständlich zurecht. Gott, der Schöpfer, bleibt der Ewige und der kleine Mensch auf Erden ist und bleibt ein vergänglicher, dahingewehter Windhauch: „leichter als Windhauch sind sie alle". Eine schmerzhafte, demütigende Einsicht, die zu Demut und Selbstbescheidung führen soll. Wie so oft übernimmt der Dichter im Verlauf seiner Rede die Rolle des weisen Ratgebers seiner lernwilligen Hörer und Leser. Väterlich-fürsorglich rät er, sich in keiner Situation und durch keinerlei trugschlüssiges, menschliches Auftreten und Verhalten vom festen Vertrauen in Gott abbringen zu lassen. Das unaufhörlich schlagende Herz des gläubigen Menschen gehört allein Gott. Dieser innere Sitz der unerschütterlichen Gottesbeziehung gibt Antworten auf alle Fragen des Lebens. Dieser *Sitz im Leben*, dieser Besitz von Weisheit und Wegführung, offenbart letzte und mächtige Erkenntnisse und darf sich folglich nicht von der Vergänglichkeit menschlicher Inszenierungen von Macht und Herrschaft blenden lassen. Wer sich mit Gottes unvergänglicher Seelenkraft verbindet und verbündet, besitzt den größtmöglichen Schutz gegen die Eitelkeit *seelenleerer* Menschen, die vermeinen, ihre theatralischen Ziele im Leben ohne Gottverbundenheit zu erreichen. Dem Dichter ist enorm daran gelegen, leidenschaftlich zu proklamieren, wie sehr Gott der Schöpfer darauf wartet, als treuer und verlässlicher Gesprächspartner im *Seelengespräch* eines jeden Menschen zu agieren. So weiß der Psalmist von deutlichen Eingebungen und sehr persönlichen Zu-Sprüchen seines Gottes zu berichten, die er in seinem Herzen auf mehrfache Weise zu deuten und für sein gelebtes Leben anzuwenden versteht. In überfließende Fülle und Dichte drängt es den Dichter zu beteuern, dass die kommunikative Nähe zu seinem Schöpfer in seinem Herzen ein Maß an Geborgenheit, Sicherheit und Führungsklarheit erreicht hat, das durch keine zwischenmenschliche Kommunikation übertroffen werden kann. Von seiner beispiellosen Einzelerfahrung mit seinem Gott ausgehend, will er die Gesamtheit der Menschheit auffordern, es ihm gleichzutun und das Abenteuer Seelenbegegnung mit Gott, dem *Seelenfreund,* zu wagen: „Schüttet euer Herz vor ihm aus, denn Gott ist unsere Zuflucht.“ Mit der strahlenden Gewissheit der erhabenen, göttlich gefügten Belohnung für die *Investition* in die vertrauensvolle Seelen-Beziehung mit Ihm, dem Schöpfer, schließt der Dichter mutmachend und motivierend seine tiefen Reflexionen.

64

Bitte des Gerechten um Schutz vor den Feinden

Bitte des Gerechten um Schutz vor den Feinden

1 Für den Chormeister. Ein Psalm Davids. **2** Höre,
Gott, mein lautes Klagen, schütze mein Leben vor dem
Schrecken des Feindes! **3** Verbirg mich vor der Schar
der Bösen, vor dem Toben derer, die Unrecht tun! **4** Sie
schärfen ihre Zunge wie ein Schwert, schießen giftige
Worte wie Pfeile, **5** um einen Untadeligen von ihrem
Versteck aus zu treffen. Sie schießen auf ihn, plötzlich
und ohne Scheu. **6** Sie sind fest entschlossen zum
Bösen. Sie reden davon, Fallen zu stellen, sie sagten:
Wer kann uns sehen? **7** Sie planen Bosheit: Wir haben
es erreicht!/ Der Plan ist gut geplant! Das Innere
eines Menschen und sein Herz – sie sind ein Abgrund!
8 Da trifft sie Gott mit Pfeilen, sie werden jählings
verwundet. **9** Ihre eigene Zunge bringt sie zu Fall. Alle,
die es sehen, schütteln den Kopf. **10** Da fürchteten
sich alle Menschen, sie verkündeten Gottes Taten, sie
verstanden sein Wirken. **11** Der Gerechte freut sich
am HERRN und hat sich bei ihm geborgen. Alle, die
redlichen Herzens sind, werden sich rühmen.

Der einzelne, sterbliche Mensch im Angesicht des ewigen, unvergänglichen Gottes ist umso mehr der Mensch mit seiner existenziellen Zerbrechlichkeit, Verwundbarkeit, Zerstörbarkeit inmitten der Unplanbarkeit des Lebens auf Erden. Der einzelne Mensch, der sich in seinem innersten Wesen als Einzelgänger auf Erden erlebt, sucht die Beziehung, die befreiende Begegnung mit einer transzendenten, das eigene *Ich* übersteigenden Macht. Eine Gesprächs- und Vertrauensbeziehung, die gemäß Martin Buber aus der Enge des *Ich* in die Weite des *Du* führt. Der jüdische Religionsphilosoph Martin Buber hat in seinen zahlreichen theologischen und religionsphilosophischen Werken die Dynamik der *dialogischen Beziehung* zwischen Mensch und Gott herausgestellt. Anhand einer Vielzahl konkreter Gesprächssituationen zwischen Schöpfer und Geschöpf in der Hebräischen Bibel dokumentiert Buber das von ihm als Leitmotiv zu bezeichnende Phänomen der gegenseitig aufeinander zustrebenden Bewegung von Gott und Mensch. Gott stellt sein Geschöpf Mensch in die vielfältigen Lebenssituationen, in denen der bedrängte als auch beglückte Mensch aufgefordert ist zu antworten. Die An-Frage Gottes an ihn ist adäquat zu *verantworten*. Eine solche Phänomenologie der Buberschen *verantwortenden Antwort* präsentiert uns der Psalm. Dieser Psalm belichtet konzentriert die fundamentale Angewiesenheit des einzelnen Menschen auf eine ihn übersteigende Geist-Macht inmitten der unvorhersehbaren, oft lebensgefährlichen

Bedrohungen des Lebens. Der Verfasser des Psalms hat diese Macht des Geistes Gottes in seinem Innersten entdeckt und versteht es mutig und entschieden, sich an diese rettende Stütze emotional wie spirituell anzulehnen. Er bekennt unverstellt seine grundlegend-menschliche Not im Anblick der ihn umringenden Feinde. Er bittet Gottes innere Geist-Quelle, die jenseits der irdisch-faktischen Eingebundenheit residiert, zu seinen Gunsten einzuschreiten. Es zeichnet unseren Psalmenverfasser in höchstem Maße aus, sich während seines so überaus stürmischen Lebens mit vielen erbitterten Kämpfen und Konfrontationen gezielt an seinen personalen, über-weltlichen Gott mit der flehentlichen Bitte um Rettung und Bergung zu wenden. Authentisch und unter deutlicher Loslösung der eigenen *Ich*-Fixierung spricht der Beter mit seinem Gott vom *Ich* zum *Du*. Er ist müde geworden von den hinter ihm liegenden, gewaltsamen Versuchen, unter Einsatz seiner beschränkten *Ich*-Ressourcen die Anfechtungen gegen sein Leben zu bekämpfen. Er setzt künftig seine mächtige Willenskraft zur Intensivierung seiner Gottesbeziehung ein, um dadurch die erflehte Wendung der schweren, schicksalhaften Bedrohungen seines Lebens zu bewirken. König David zeigt in diesem schicksalsgezeichneten Psalm seine persönliche Größe, in Gott die ultimative, geistige Kraft erkannt zu haben. Diese geistige Kraft kann und wird die menschliche Verdorbenheit und Verfallenheit überwinden. Der Gottabgetrennte Mensch unterliegt ununterbrochen der zerstörerischen

Verführungskraft des Bösen in seinem *leeren Herzen.* Er greift zu hemmungsloser Gewalt und Tücke, um sich selbst Bedeutung und Ge-Wichtigkeit in seinem haltlosen Dasein zuzusprechen. Die Gewaltexzesse eines solchen verrohten Menschen sind Ausdruck und sind Abbild seiner inneren Instabilität, seiner aussichtslosen Sinnsuche vor dem Hintergrund eines auf reiner Egosucht fußenden Lebenskonzeptes. König David erkennt, dass solche Menschen auf lange Sicht weder siegen können noch siegen werden, denn Gott, der oberste Regent und Sieger, wird sie mit Seiner Überlegenheit ein-stürzen lassen. Dieser *himmlischen* Intervention des obersten Regenten ist sich der Psalmist vorbehaltlos gewiss. Er erkennt in der Tiefe seines Herzens, dass die besessenen, *Ich*-getriebenen Pläne und Konstrukte gottabgewandter Erdenbürger in eklatantem Widerspruch zu Gottes Plänen der Liebe, Güte und Lebensfülle stehen. Durch seine tiefe Gottverbundenheit weiß der Psalmist mit unumstößlicher Gewissheit, dass das menschliche Trachten, wenn es nicht in *dialogischer Begegnung* mit dem lebendigen und Leben-Verheißenden Gott steht, tödlich enden muss, weil es dem todbringenden *Schattenreich* des Geist-isolierten Menschenherzens entspringt. Der Bösewicht und Gewaltmensch wird an seiner eigenen Bosheit zugrunde gehen. Gott wird ihn durch seine eigene Selbstverhärtung und Unbelehrbarkeit vor der gesamten, zuschauenden Menschheit zu Fall bringen. Der entsetzliche Fall dieser unverbesserlichen Übeltäter wird als

Mahnung, als unübersehbare und unüberhörbare Warnung allen umstehenden Erdenbürgern dienen. Einerseits dient es den Gottverbundenen, die als gerechte Menschen bezeichnet werden, und andererseits dient es auch den *Ich*-getriebenen, Gottverleugnenden *Besserwissern*. Typisch für den Geist des Psalms kontrastiert der erleuchtete und erleuchtende Verfasser die Gott-Sucher und Gott-Finder, die ihren Schöpfer stets preisen und verkünden werden, mit den Gott-Leugnern, für die es keine Rettung noch Heilung geben wird, solange sie nicht zu Gott umkehren. Der Dichter verkündet abschließend in freudestrahlendem und mutmachendem Geist, dass der gerechte Mensch, der sich an Gott festhält und in ihm seine tiefste Geborgenheit erfährt, tiefe Freude und Fülle in seinem Leben erleben wird. Diese Erfahrung ist auch dem *Ich*-verhärteten Frevler zugänglich, wenn dieser aufrichtigen Herzens bekennt, ohne Gott jämmerlich zu versagen und bei Gott seine Erneuerung und Wiederanbindung suchen zu wollen. Die aufrüttelnde Quintessenz seines psalmischen Reflektierens fasst der Verfasser mit folgenden Worten zusammen: „Sie [alle Menschen] verkündeten Gottes Taten, sie verstanden sein Wirken." Ein vertieftes Verständnis von Gottes Führung wird den einsichtigen Menschen beflügeln, die Herrlichkeit Gottes in Seiner Schöpfung mehr und mehr zu erkennen und diese der Welt zu verkünden. Gemäß dem expliziten Wunsch des Dichters wird die gesamte Menschheit zu einer großen Gemeinschaft von Gott-

Verkündern werden; jeder nach seinen individuellen Fähigkeiten, aufgrund seiner persönlichen Gotteserfahrung. Der von seinem Gott überwältigte Verfasser will diesem Appell mit seiner eigenen Verkündigung in diesem Psalm beispielhaft und vorbildlich Genüge tun.

104

Loblied auf den Schöpfer

Loblied auf den Schöpfer

1 Preise den HERRN, meine Seele! HERR, mein Gott,
überaus groß bist du! Du bist mit Hoheit und Pracht
bekleidet. **2** Du hüllst dich in Licht wie in einen Mantel,
du spannst den Himmel aus gleich einem Zelt. **3** Du
verankerst die Balken deiner Wohnung im Wasser. Du
nimmst dir die Wolken zum Wagen, du fährst einher
auf den Flügeln des Windes. **4** Du machst die Winde zu
deinen Boten, zu deinen Dienern Feuer und Flamme.
5 Du hast die Erde auf Pfeiler gegründet, in alle
Ewigkeit wird sie nicht wanken. **6** Einst hat die Urflut
sie bedeckt wie ein Kleid, die Wasser standen über den
Bergen. **7** Sie wichen vor deinem Drohen zurück, sie
flohen vor der Stimme deines Donners. **8** Sie stiegen
die Berge hinauf, sie flossen hinab in die Täler an
den Ort, den du für sie bestimmt hast. **9** Eine Grenze
hast du gesetzt, die dürfen sie nicht überschreiten,
nie wieder sollen sie die Erde bedecken. **10** Du lässt
Quellen sprudeln in Bäche, sie eilen zwischen den
Bergen dahin. **11** Sie tränken alle Tiere des Feldes,
die Wildesel stillen ihren Durst. **12** Darüber wohnen
die Vögel des Himmels, aus den Zweigen erklingt ihr
Gesang. **13** Du tränkst die Berge aus deinen Kammern,
von der Frucht deiner Werke wird die Erde satt. **14** Du
lässt Gras wachsen für das Vieh und Pflanzen für den
Ackerbau des Menschen, damit er Brot gewinnt von

der Erde **15** und Wein, der das Herz des Menschen
erfreut, damit er das Angesicht erglänzen lässt mit Öl
und Brot das Herz des Menschen stärkt. **16** Die Bäume
des HERRN trinken sich satt, die Zedern des Libanon,
die er gepflanzt hat, **17** dort bauen die Vögel ihr Nest,
auf den Zypressen nistet der Storch. **18** Die hohen
Berge gehören dem Steinbock, dem Klippdachs bieten
die Felsen Zuflucht. **19** Du machst den Mond zum Maß
für die Zeiten, die Sonne weiß, wann sie untergeht.
20 Du sendest Finsternis und es wird Nacht, dann
regen sich alle Tiere des Waldes. **21** Die jungen Löwen
brüllen nach Beute, sie verlangen von Gott ihre
Nahrung. **22** Strahlt die Sonne dann auf, so schleichen
sie heim und lagern sich in ihren Verstecken. **23** Nun
geht der Mensch hinaus an sein Tagwerk, an seine
Arbeit bis zum Abend. **24** Wie zahlreich sind deine
Werke, HERR, sie alle hast du mit Weisheit gemacht,
die Erde ist voll von deinen Geschöpfen. **25** Da ist das
Meer, so groß und weit, darin ein Gewimmel, nicht
zu zählen: kleine und große Tiere. **26** Dort ziehen die
Schiffe dahin, der Levíatan, den du geformt, um mit
ihm zu spielen. **27** Auf dich warten sie alle, dass du
ihnen ihre Speise gibst zur rechten Zeit. **28** Gibst du
ihnen, dann sammeln sie ein, öffnest du deine Hand,
werden sie gesättigt mit Gutem. **29** Verbirgst du dein
Angesicht, sind sie verstört, nimmst du ihnen den
Atem, so schwinden sie hin und kehren zurück zum
Staub. **30** Du sendest deinen Geist aus: Sie werden

erschaffen und du erneuerst das Angesicht der Erde.
31 Die Herrlichkeit des HERRN währe ewig, der HERR
freue sich seiner Werke. **32** Er blickt herab auf die
Erde und sie erbebt, er rührt die Berge an und sie
rauchen. **33** Ich will dem HERRN singen in meinem
Leben, meinem Gott singen und spielen, solange ich da
bin. **34** Möge ihm mein Dichten gefallen. Ich will mich
freuen am HERRN. **35** Die Sünder sollen von der Erde
verschwinden und Frevler sollen nicht mehr da sein.
Preise den HERRN, meine Seele! Halleluja!

Psalm 104 entfaltet vor den Augen des Lesers ein Crescendo des Lobes auf den majestätischen Schöpfer der gewaltigen Schöpfung. Mit den ergreifenden Worten: „Preise den HERRN, meine Seele!“, beginnt und endet der Psalm. Der grenzenlose Enthusiasmus des Verfassers umklammert den gesamten Text. Er ist die spirituell-emotionale Überschrift und Unterschrift des gesprochenen, des gejubelten Wortes gegenüber seinem geliebten, gepriesenen Schöpfer. Der Verfasser verzichtet wohlüberlegt auf den Ausdruck *ich preise*, sondern er überlässt seine spontane menschliche Regung seiner innersten Wesensebene, seiner brennenden Seele. König David schwingt sich jenseits aller Nöte und Sorgen des Alltags im alten Israel in unermessliche geistige Höhen. Dadurch soll seiner Begeisterung, seiner Faszination, seiner Bewunderung für die große Ordnung und Verlässlichkeit Gottes in seiner atemberaubenden Schöpfung sprachlich-emotionalen Ausdruck verliehen werden. In verschwenderischer Fülle rekapituliert der ergriffene David – *der Geliebte des Vaters* – die Schöpfungsgeschichte aus dem Ersten Buch der Bibel und ergänzt sie um die detaillierte Beschreibung der ihn ergreifenden täglichen Phänomene in dieser Schöpfung. Die gesamte Schöpfung ist in kreativer, dynamischer Bewegung. Jede Naturkraft, jedes Tier, jede Pflanze, jeder Mensch gehorcht seinem inneren Ruf der Einbringung seiner eigenen Berufung in den Gesamtprozess der Schöpfung. Von unsichtbarer göttlicher Hand gesteuert, wirkt alles aufeinander ein, wird für jedes lebendige Wesen auf Erden geheimnisvoll gesorgt und dient alles einem großen schöpferischen Entfaltungsplan. Den atemberaubten Psalmisten drängt es, die meisterhaft geschaffene Harmonie zwischen Flora, Fauna, Naturgewalten und Mensch in menschlich-lobenden Worten abzubilden und somit für alle künftigen Beter und Beterinnen zu verewigen. Man spürt von Vers zu Vers die präzise Beobachtung des großen ineinander greifenden Naturgeschehens durch den Dichter und seine aus tiefstem Inneren herrührende Wertschätzung und Würdigung der komplexen Abläufe in der Natur, die in den Händen des Schöpfers liegen. Der Autor spürt und artikuliert, dass es mit einer einmaligen Schöpfungstätigkeit Gottes während der sechstägigen Erschaffung der Welt gemäß des Genesis-Berichts nicht getan war. Er erkennt, dass die Schöpfung der kontinuierlichen ununterbrochenen Schöpfertätigkeit Gottes bedarf, um ihrerseits lebendig und kreativ zu bleiben. So lesen wir in deutlicher, bilderreicher sprachlicher Gegenwärtigkeit:

Du hüllst dich in Licht [...] du spannst den Himmel aus [...] Du verankerst die Balken deiner Wohnung im Wasser. Du nimmst dir die Wolken zum Wagen, du fährst einher auf den Flügeln des Windes. Du machst die Winde zu deinen Boten [...] Du lässt Quellen sprudeln [...] Du tränkst die Berge aus deinen Kammern [...] Du lässt Gras wachsen [...] Du machst den Mond zum Maß für die Zeiten [...] Gibst du ihnen, dann sammeln sie, öffnest du deine Hand, werden sie gesättigt mit Gutem. Verbirgst du dein Angesicht, sind sie verstört, nimmst du ihnen den Atem, so schwinden sie hin [...] Du sendest deinen Geist aus: Sie werden erschaffen und du erneuerst das Angesicht der Erde [...] Er blickt herab auf die Erde [...] er rührt die Berge an.

Auffällig ist nicht nur die intensive gegenwartsbezogene Tätigkeit Gottes in seiner umfassenden Schöpfung, sondern auch die ungehemmte, völlig natürliche Ansprache Gottes durch den lobenden und staunenden, vergänglichen Menschen. Dieser spricht aus tiefem Respekt vor der Majestät des Schöpfers seinen schöpferischen Vater durchgängig mit dem zwischenmenschlichen Wort *Du* an, welches durch ein gelegentliches *Er* abgelöst wird. Das Geschöpf Mensch will analog der kontinuierlichen Schöpfungsaktivität des Schöpfers durch kontinuierliche, nicht nachlassen wollende Lobesworte auf menschlich-sprachlicher Ebene schöpferisch tätig werden, um damit seinem Schöpfer nahe zu kommen. Der biblische Dichter spürt, dass die von ihm gottseitig erwartete Resonanz auf das Mysterium und die Faszination Schöpfung darin besteht, seinerseits in ein großes sprachlich-schöpferisches Lob vor die gesamte Schöpfung zu treten. Er entbrennt daher auch mit dieser gemeinsam in eine *Polyphonie des Lobes*. Deutlich artikuliert der Psalmist, dass der Schöpfer sich seiner Schöpfung täglich aufs

Neue erfreut. Der bewegte Psalmendichter kann daher nicht anders, als durch seine enthusiastischen, schöpferischen Worte seine menschliche Freude an der großen Schöpfung auszudrücken. Wir könnten unsere Psalmenbetrachtung zusammenfassen, dass der Mensch in seiner innersten Wesenheit ein *Homo Laudans* (Yuval Lapide) ist, d. h. er ist ein nach Lob und Preis dürstender und drängender Partner Gottes auf Erden. Möge dieser jüdische Lobeshymnus mit seinem feurigen Enthusiasmus jeden von uns in seinen je eigenen Enthusiasmus des Lobes versetzen.

113

Loblied auf Gottes Hoheit und Liebe zu den Geringen

Loblied auf Gottes Hoheit und Liebe zu den Geringen

1 Halleluja! Lobt, ihr Knechte des HERRN, lobt den
Namen des HERRN! **2** Der Name des HERRN ist
gepriesen von nun an bis in Ewigkeit. **3** Vom Aufgang
der Sonne bis zu ihrem Untergang sei gelobt der Name
des HERRN. **4** Erhaben ist der HERR über alle Völker,
über den Himmeln ist seine Herrlichkeit. **5** Wer ist
wie der HERR, unser Gott, der wohnt in der Höhe,
6 der hinabschaut in die Tiefe, auf Himmel und Erde?
7 Den Geringen richtet er auf aus dem Staub, aus dem
Schmutz erhebt er den Armen, **8** um ihn wohnen zu
lassen bei den Fürsten, bei den Fürsten seines Volks.
9 Die Kinderlose lässt er wohnen im Haus als frohe
Mutter von Kindern. Halleluja!

König David hat mit Psalm 113 seiner jüdischen Gemeinschaft und der gesamten Menschheit ein enormes spirituelles Geschenk hinterlassen! Mit dem dreifachen Aufruf begegnet er Gott lobend. HALLELU ist der hebräische Begriff für den deutschen Imperativ *lobet*. Gefolgt von weiteren zwei Aufrufen *lobt,* motiviert der Psalmist den Beter aller Generationen und aller Kulturen, sich seiner tiefsten Identität bewusst zu werden. Der Mensch ist seinem innersten Wesen nach ein *Homo Laudans* (Yuval Lapide). Dies ist ein auf Gott, seinen Schöpfer, ausgerichtetes, danksagendes und preisverkündendes menschliches Wesen. Der allzu oft verirrte, verwirrte, verführte, versagende und verlorene Mensch steht, wenn er es zulässt, in seiner nackten Geschöpflichkeit dem überragenden, existenziellen Phänomen des Schöpfers alles Daseienden gegenüber. Ein überwältigender Schöpfer und ihm gigantisch überlegener Meister des Lebens, der den kleinen Erdling ins Leben beruft und bestimmt. Wenn sich der kleine Erdling diesem unumstößlichen, spirituellen Faktum nüchtern stellt, erwachsen daraus Konsequenzen. Spirituelle Konsequenzen, die aus der Mitte seiner irdischen Existenz strömen. Der vorliegende Psalm fordert jeden Beter in penetrierender Deutlichkeit auf, dieser *Conditio Humana* schonungslos ehrlich ins Gesicht zu schauen. Gott ist der Schöpfer und das kleine, irdische, menschliche Lebewesen ist Sein Geschöpf, Seine göttliche Erfindung. Diese eherne Schöpfungsordnung im kleinen als auch im großen Kontext zwingt den

Menschen, von jeder Überheblichkeit, von jeder Anmaßung Abstand zu nehmen und eine dringend gebotene Haltungskorrektur vorzunehmen. Will der kleine Mensch dauerhaft in Frieden, Geschwisterlichkeit und Solidarität mit seinen Mitgeschöpfen leben, muss er sich früher oder später als ein auf Gott den Schöpfer gerichtetes, nach Ihm verlangendes, nach Ihm suchendes Wesen begreifen. Jede Ablenkung, jede Eintrübung, jede Verfinsterung der sich dem Menschen aufdringend wollenden Selbsterkenntnis kommt einer verheerenden Selbsttäuschung gleich. Die Spezies Mensch ist dazu bestimmt, sich als Gottes Diener, als Seine Anhänger mit der damit einhergehenden Freude und Dankbarkeit wahrzunehmen, so verkündet es der Psalmenverfasser. Gott, der oberste *Hausherr* und Ordnungshüter Seiner eigenen Schöpfung, will im Menschen die tiefsitzende, in der *spirituellen DNA* gespeicherte Weisheit wachrufen. Er soll Ihn als ausschließlichen Urheber der gesamten Schöpfung anerkennen und von Staunen ergriffen anbeten. Beten, loben, danken werden vom Psalmisten als Privileg, als einzigartiges menschliches Vorrecht verstanden. Der Mensch darf sich seiner einmaligen Größe zunehmend bewusstwerden, Seinem Schöpfer mittels Gebet und Lob nahe zu kommen. Nur der tiefgründige, sich seiner unverfälschten Menschlichkeit bewusst gewordene Erdenmensch wird biblischen Lobgesang und psalmische Danksagungshymnen als echtes Bedürfnis seines gottzugewandten Herzens empfinden. An diesen aufgeweckten, aufgewachten Menschen wendet sich der Psalm 113. Jeder Mensch darf sich als *Knecht Gottes*, als ein *Gott zu Diensten Berufener* verstanden wissen. Der Psalmist will uns bedeuten, dass die gesamte Schöpfung, Menschen aller Zeiten und aller Kontinente den großen Lobpreis dem Schöpfer zu Ehren singt. Jedes Erdenwesen verherrlicht mittels der ihm zu Diensten stehenden geistlichen und materiellen Ressourcen seinen *Erzeuger*, ob bewusst oder unbewusst. Dieses Bedürfnis, dieses Verlangen ist uns Menschen inhärent, wohnt uns Menschen inne. König David, der unzählige Menschen aus allen in seiner Epoche bekannten Nationen seines Imperiums kannte, weiß, wovon er spricht. Die beiden Bücher Samuel und das erste Buch der Chronik wissen von vielfältigen, illustren Menschen, denen der mächtige König zeit seines Wirkens begegnen durfte, zu berichten. Auch durfte der Regent den breit gestreuten, religiösen Kulten der heidnischen Vasallen-Völker seines Weltreiches ins Auge blicken und deren Unzulänglichkeit und Theatralik durchschauen. Er durfte im Gegensatz dazu den tiefen, stabilen und authentischen monotheistischen Glauben seiner Väter und Mütter ererben und fortwährend überzeugender im Vollzug seines bewegten Lebens erleben. Er wusste um die beispiellose Erhabenheit dieses wahren, lebendigen Gottes der Schöpfung, im Vergleich zu welchem alle Götter der Heiden zu *Nichtsen* zusammenschrumpfen müssen. Martin Buber übertrug den *Göttern* entsprechenden hebräischen Terminus ELILIM mit *Gott-*

nichtsen brillant ins Deutsche. Nur ein zutiefst überzeugter Verbündeter und Anbeter Gottes, der den wahren Urheber und Ursprung des Seins gefunden hat, kann so entschieden wie der Autor dieses Psalms in der Öffentlichkeit auftreten. Jeder der beherzten Beteuerungen haftet der Glanz der außerordentlichen Wertschätzung und Würdigung, dieses alle Dimensionen menschlichen Denkens übersteigenden Gottes an. Das ist der Gott, der alle Grenzen und Schranken souverän überschreitet und darauf wartet, von Seinem *Ebenbilde* entdeckt und verehrt zu werden. Nur einem solch erleuchteten Geist können die folgenden verwunderten und bewundernden Worte entspringen: „Wer ist wie der HERR, unser Gott, der wohnt in der Höhe, der hinabschaut in die Tiefe, auf Himmel und Erde?" Der überragende Gott, dem König David in seinem Leben stets aufs Neue begegnen durfte, ist majestätisch erhaben und zugleich menschlich nahbar und *kontaktfreudig*. Er ist der Gott der *Himmlischen Heerscharen*, der die gesamte Schöpfung überblickt und steuert, und gleichzeitig der *menschliche Gott*. Er ist der *herunter-gekommene* Gott, der für das Leid, die Schmerzen und die Nöte seiner ihm nahestehenden menschlichen Geschöpfe stets zugänglich ist. Somit verkündet uns der Psalmist einen allumfassenden Gott, der sich keineswegs zu gut ist, hinabzusteigen in die Niederungen menschlichen Leidens und menschlicher Qualen, um ihnen nahe zu sein und sie zu erretten. Wer, wenn nicht der grandiose Verfasser der Psalmenwelt, könnte ein glaubhafteres Zeugnis von der Allgegenwart und Allwissenheit des Einen Gottes ablegen? Durfte doch der Dichter Gott in glanzvollsten Momenten der Siege über seine Feinde und der beglückenden Ehrungen in seinem Leben als auch in den dunkelsten Stationen von Verfolgung und Demütigung erleben. Er selbst erlebte als verachteter, achter Sohn seines Vaters Isai, von Gott zum König über Israel gesalbt zu werden. Er selbst musste jahrelange Erniedrigungen durch seine leiblichen Geschwister, seine zahlreichen Neider und Missgönner und durch seinen Erzrivalen König Saul geduldig und hoffnungsvoll ertragen. Der Gott, den David siegesbewusst verkündet, ist ein Gott der Extreme. Ein Gott, der Menschen aus tiefster Not in höchstes Glück zu versetzen vermag. Jede Unfruchtbarkeit im Leben des Menschen, sei sie biologischer, sei sie spiritueller Natur, weiß der wahre Gott des Lebens in sprühende und blühende Fruchtbarkeit zu verwandeln. Der wahre Gott des Lebens versteht es meisterhaft, menschliche Ausgrenzung und Isolation in Zugehörigkeit und Integration umzukehren. Der Gott der *Creatio Continua*, der das gesamte Leben ursprünglich erschaffen hat und stets aufs Neue erschafft, kennt keine menschenerdachten Beschränkungen und *Unmöglichkeiten*. Der Schöpfer – im jüdischen Verständnis des psalmischen Denkens – kennt und erkennt Seine Schöpfung bis ins letzte schöpferische Detail. Er allein weiß, welche verborgenen Sehnsüchte und Wünsche in Seinen Erdenkindern schlummern und nach Erfüllung drängen. Sobald der *erwachende und erwachsende* Mensch sich seiner verborgenen Motive im Angesicht des Leben schaffenden und Erfüllung spendenden Gottes bewusst wird, sind diesen Bestrebungen keine Grenzen gesetzt. Leben in der geistigen Welt des jüdischen Psalmenschreibers ist fortwährende Entwicklung, ist fortwährendes Erwachen aus der Einbildung kindisch-unbeschränkter Unabhängigkeit. Eine solche gute, *gesunde* und gereifte Abhängigkeit löst unumgänglich Dankbarkeit, Freude und Lobgesang aus. Der Mensch, der diese Gott-Verbundenheit, diese *erhebende* Abhängigkeit von der Quelle seines Lebens erreicht hat, weiß, welch unermessliches Glück und tiefe Erfüllung es bedeutet, als *Homo Laudans* (Yuval Lapide) vor seinem Gott aufzutreten. Er wird nie mehr darauf verzichten wollen.

117

Aufruf an alle Völker zum Lob Gottes

Aufruf an alle Völker zum Lob Gottes

1 Lobt den Herrn, alle Völker, rühmt ihn, alle
Nationen! **2** Denn mächtig waltet über uns seine Huld,
die Treue des Herrn währt in Ewigkeit. Halleluja!

Die Psalmen König Davids lieben Extreme: von himmelhoch jauchzend bis zu Tode betrübt, von überbordender Euphorie über die unendliche Güte und Liebe des himmlischen Vaters bis zu angstgeplagter Aussichtslosigkeit im Angesicht lebensbedrohlicher Feinde. Alle menschlichen Gefühle, alle emotionalen Zustände dürfen ihren Raum in der Welt der Psalmen einnehmen, mit denen das Judentum das christliche Abendland beschenken durfte und stets aufs Neue bei aufmerksamer Meditation und Lektüre beschenkt. Ein formales Phänomen der Loblieder König Davids ist deren Länge. Wir finden kurz gefasste, mit wenigen Zeilen, und vielzeilige, episch breit angelegte Gesänge. Einen auffälligen Gegensatz bilden Psalm 119, der sich über 176 Verse erstreckt, und der diametral entgegengesetzte Psalm 117, der lediglich zwei *magere* Zeilen umfasst. Der jüdische Verfasser der Psalmen verstand es ausgezeichnet, in jedem seiner 150 Psalmen diejenigen Aussagen zu verkünden, die seiner situativen, spirituellen und emotionalen Verfassung entsprangen. Zusätzlich wusste der Autor aufgrund seines immensen, göttlichen Sendungsbewusstseins ausgezeichnet, welche Botschaften er wann, wo und in welcher sprachlichen Dichte seinem geliebten jüdischen Volk und der Welt zu überbringen hatte. Der Psalm mit seinen beiden komprimierten Versen beinhaltet in seiner Kürze eine genauso wichtige Aussagekraft wie manch anderer Lobgesang, der für seine Botschaft viel mehr sprachlichen Raum einnimmt. Der Verfasser fühlt sich berufen, sich an die gesamte Völkerwelt mit dem emphatischen Appell zu wenden, Gott als alleinigen, überragenden Regenten der Welt die ihm gebührende Ehre und Größe durch Lobgesang zu erweisen. Psalm 117 beabsichtigt die Ausrichtung aller von König David unterworfenen Völker seines Großreiches Israel auf die geforderte Anerkennung der Hoheit des *Hausherrn* der gesamten Schöpfung. Obwohl zum großen Herrscher über das vereinigte Königreich von Samarien und Judäa aufgestiegen, verliert der dichtende König zu keinem Zeitpunkt die gebotene Demut und Größe als gottberufener Staatsmann. Wie in keinem anderen Psalm macht der Dichter es zu einem brennenden Anliegen, zum beherzten Gotteslob aufzurufen, zum Zentrum seines psalmischen Schaffens. Ohne Einleitung und ohne Ausklang fordert er in seiner strahlenden, königlichen Größe die ihm untergebenen Völker auf, nicht ihm, König David, Größe und Würde zuzusprechen, sondern einzig und allein dem wahrhaft und ewig herrschenden König der Welt. In der Kürze dieser kraftvollen Aufforderung steckt die verdichtete Erkenntnis eines gereiften Lebensprozesses. Ein mächtiger Monarch weiß um die Wichtigkeit, nicht sich selbst und seine Taten in den Vordergrund seines öffentlichen Auftrittes zu stellen. Ihm liegt am und im weisen, jüdischen Herzen, diejenige übergeordnete Instanz zu ehren und zu preisen, die verantwortlich für seine Berufung ist, ein Weltreich zur Ehre des Schöpfers zu gründen und zu regieren. Wahre Demut, vermittelt der Psalmist, erfordert keine noch so geringfügige Selbstverherrlichung und verbale Selbstgefälligkeit, sondern danksagende Unterwerfung unter die alles tragende und ertragende Autorität Gottes. Unterschiedslos wendet sich der enthusiastische Verfasser an alle Menschen auf Erden, losgelöst von Nationen, dem Einen, sie alle überwölbenden und lenkenden Vater liebend und lobend zu begegnen. Hier wird der großen Einheit der Menschheitsfamilie das biblische Wort geredet. Unabhängig von den einzelnen Berufungen und Beauftragungen der vielfältigen Menschen und Völker auf Erden, sollen sich alle Erdenbürger durch diesen kurzen Psalm bewusst werden, dass es eine Kernaufgabe für sie alle gibt. Der Appell zum großen, weltweiten Gotteslob bezweckt, theologisch und tiefenpsychologisch betrachtet, die Minimierung alltäglicher, erdgebundener, zwischenmenschlicher Querelen und kriegerischer Auseinandersetzungen. Der Psalmist will den Blick aller Menschen für die überragende Bedeutung eines viel größeren Anliegens im menschlichen Leben als die unablässige Gier nach materieller Befriedigung und Bereicherung weiten. Im zweiten Vers wird die Begründung für das aufgetragene Gotteslob ausgesprochen: Gottes Gnade und Treue kennen keine Grenzen. Die Frage, die sich dem aufmerksamen Leser stellt, lautet: Auf wen bezieht sich die Objektaussage „über uns“? Ist es die Gemeinschaft aller Menschen, die im ersten Satz aufgerufen werden, das große Gotteslob anzustimmen? Oder ist es die Gemeinschaft der Juden, denen Gottes

Gnade und Treue im Laufe ihrer langen, biblischen Geschichte in besonderem Maße zuteilwerden durfte? Diese Frage zu stellen, ist jenseits sprachlicher Haarspalterei. Tangiert sie doch die essenzielle Beziehung zwischen den Juden als dem erwählten Volk Gottes und der weitaus überwiegenden Mehrheit der nichtjüdischen Erdenbürger. Formal gesehen befindet sich Psalm 117 zwischen dem ihm vorausgehenden Verherrlichungspsalm 116 und dem ihm nachfolgenden, ebenfalls Gott feierlich rühmenden Psalm 118. Beide Psalmen bilden innerhalb der Gruppe der davidischen Gebete 113–118 das liturgische Ritual der Tempelgesänge während der großen, jährlichen Wallfahrten nach Jerusalem. Die aus allen Regionen Israels herbeiströmenden Pilger wurden von den diensthabenden Leviten in großem Chorgesang begrüßt und feierlich eingeladen, dem Gott Israels zuzujubeln. Anlassspezifisch beteten Leviten und Pilger gemeinschaftlich ihren Gott der Väter und Mütter in großer Feiertagsstimmung an. Die vorsingenden Leviten – in der grenzenlosen Euphorie der Wallfahrtsfeste – luden neben den jüdischen Bundespartnern auch die außenstehenden, lediglich Beobachterrolle einnehmenden *Zaungäste*, die nichtjüdischen Völker, ein, *einstimmig* dem großen Gott der Geschichte Danklieder zu singen. Neben dieser formalen, sich am Kontext des Psalms orientierenden Betrachtung gibt es eine übergeordnete, biblisch theologische Maxime, die Berücksichtigung finden muss. Jenseits der allgemeingültigen, in so vielen

Psalmen vorkommenden Verpflichtung aller menschlichen Geschöpfe Gott, ihren Schöpfer, zu loben und zu preisen, existiert eine besondere *Katalysator-Beziehung* zwischen Israel und der Völkerwelt. Gemäß biblischer Tradition hat Gott mit seinem Volk einen unumstößlichen Bund am Berge Sinai geschlossen; einen Bund der besonderen, beiderseitigen Verpflichtung Gottes seinem erwählten Volk gegenüber. König David, der sich dieser besonderen Treue und Gnade Gottes seinem erwählten, jüdischen Volk bewusst ist, fordert den Rest der Menschheit im Angesicht dieser Größe Gottes auf, in ihrem eigenen Interesse Gott zu verherrlichen. Das Handeln Gottes an Israel will alle Völker dazu antreiben, ihrerseits zu erkennen, dass Seine göttlichen Wunder an Israel eine Voraussetzung, eine Vorstufe zu Seinem Heilshandeln an allen Völkern bilden. Theologisch komprimiert lässt sich das so ausdrücken: Die Partikularität – Einzigartigkeit – Israels dient der Universalität – Allumfassung – der Menschheit. Gottes biblisch zugesicherte Treue zu Seinem am Berge Sinai durch den epochalen Bundesschluss erwählten Volk Israel hat heilsgeschichtliche Konsequenzen für alle Kinder Gottes. Entsprechend Gottes geheimnisvollem, überirdischem Heilsplan wird zuerst Sein geliebtes jüdisches Volk von der Verknechtung und Unterdrückung durch die Vielzahl der Völkerwelt befreit werden. In einer zweiten Stufe werden die Israel feindlich gesinnten Nationen Gottes beispiellose Barmherzigkeit und Gnade erfahren. Gottes unkündbare Gnade und

Beständigkeit zu Seinem Volke, Seinem Augapfel (vgl. Sacharia Kapitel 2, Vers 12) wird der Völkerwelt *die Augen öffnen*. Sie wird die Völkerwelt erkennen lassen, dass Gott, der allumfassende Schöpfer, sich nunmehr auch ihrer erbarmt und sie zu sich, zu Seiner Verehrung und Unterordnung *heimzuholen* plant. Wieder zeigt sich die Theologie der Psalmen in harmonischer Übereinstimmung mit der gesamten Theologie der Tora Israels, der Lehre der fünf Bücher Mose und der Propheten des Volkes Gottes. Unzählige Aussagen dieser großen Schriften Israels dokumentieren die unmissverständlichen Heilszusagen Gottes an Sein erwähltes Volk. Dieses *gebundene* Volk darf mit Gottes dramatischen, stets wiederkehrenden Erlösungshandlungen in seiner bewegten Geschichte fest rechnen. Damit einhergehend ertönt der Aufruf Gottes aus Prophetenmunde an alle umliegenden Nationen Israels, die Rückkehr und Umkehr des Gottesvolkes als Vorbild und Ansporn zu betrachten, um ihrerseits zum wahren und einzigen Gott der Schöpfung nach langen Irrwegen zurückzukehren. Als aufrüttelndes Zeugnis dieser Vorreiterrolle der Juden im Prozess der weltweiten Wiederannäherung an Gott schreibt der Prophet Jesaja (Kapitel 2, Verse 1 bis 5):

1 Das Wort, das Jesaja, der Sohn des Amoz, über Juda
und Jerusalem geschaut hat. **2** Am Ende der Tage wird
es geschehen: Der Berg des Hauses des HERRN steht
fest gegründet als höchster der Berge; er überragt

alle Hügel. Zu ihm strömen alle Nationen. **3** Viele
Völker gehen und sagen: Auf, wir ziehen hinauf zum
Berg des HERRN und zum Haus des Gottes Jakobs. Er
unterweise uns in seinen Wegen, auf seinen Pfaden
wollen wir gehen. Denn vom Zion zieht Weisung aus
und das Wort des HERRN von Jerusalem. **4** Er wird
Recht schaffen zwischen den Nationen und viele
Völker zurechtweisen. Dann werden sie ihre Schwerter
zu Pflugscharen umschmieden und ihre Lanzen zu
Winzermessern. Sie erheben nicht das Schwert,
Nation gegen Nation, und sie erlernen nicht mehr den
Krieg. **5** Haus Jakob, auf, wir wollen gehen im Licht
des HERRN.

Zusammengefasst lässt sich sagen, dass der Dichter unseres kurzen Psalms sich als Vorbote künftiger Freudenbotschaften Gottes präsentiert; für die alle Geschöpfe Gottes gehalten sind, in begeisterter Vorwegnahme zu danken und zu jubeln. Der Gott Israels ist zugleich der Gott aller Nationen, der bis ans Ende irdisch-menschlicher Geschichte verlässlich Gutes und Erneuerndes an allen Menschen vollbringen wird. Diesem Gott, der aus Seiner erhabenen Verborgenheit in das Geschick all Seiner Erdenbürger gestaltend und reformierend eingreift, gebührt das mächtige Lobeswort *Halleluja*. Dieses typische Element aus der jüdischen Festtagsliturgie der alljährlich dreimal nach Jerusalem pilgernden Juden wird durch den eifernden Psalmisten auf die nichtjüdische Gemeinschaft aller Erdenbürger ausgeweitet. Dieser kurze Psalm wird Seite an Seite mit anderen, vergleichbaren *Halleluja-Psalmen* zu einem integrierenden Gebet für Juden und Heiden; für das partikulare Volk der Juden und die universale Gemeinschaft der Judengeschwister. So betrachtet eignet sich dieser kleine, aber enorm gehaltvolle Lobgesang als Werkzeug einer weltumfassenden Ökumene der Gotteskinder und Gottesanbeter: damals, zur Zeit Davids und der Pilgerströme nach Jerusalem, wie heute, in unserer mehr denn je verzweifelt nach Gott Vater und Mutter suchenden Menschheit.

118

Danklied auf den Herrn und Dankfest im Tempel

Danklied auf den Herrn und Dankfest im Tempel

1 Dankt dem HERRN, denn er ist gut, denn seine Huld
währt ewig! **2** So soll Israel sagen: Denn seine Huld
währt ewig. **3** So soll das Haus Aaron sagen: Denn seine
Huld währt ewig. **4** So sollen sagen, die den HERRN
fürchten: Denn seine Huld währt ewig. **5** Aus der
Bedrängnis rief ich zum HERRN, der HERR antwortete
und schuf mir Weite. **6** Der HERR ist für mich, ich
fürchte mich nicht. Was können Menschen mir antun?
7 Der HERR ist für mich, er ist mein Helfer; ich kann
herabschauen auf meine Hasser. **8** Besser, sich zu
bergen beim HERRN, als zu vertrauen auf Menschen.
9 Besser, sich zu bergen beim HERRN, als zu vertrauen
auf Fürsten. **10** Alle Völker umringten mich, ich wehrte
sie ab im Namen des HERRN. **11** Sie umringten, ja, sie
umringten mich, ich wehrte sie ab im Namen des HERRN.
12 Sie umringten mich wie Bienen, sie verloschen
wie ein Feuer im Dorngestrüpp; ich wehrte sie ab im
Namen des HERRN. **13** Du stießest mich, ja, du stießest
mich, dass ich stürzte, doch der HERR hat mir geholfen.
14 Meine Stärke und mein Lied ist der HERR; er ist für
mich zur Rettung geworden. **15** Schall von Jubel und
Rettung in den Zelten der Gerechten: Die Rechte des
HERRN, Taten der Macht vollbringt sie, **16** die Rechte
des HERRN, sie erhöht, die Rechte des HERRN, Taten

der Macht vollbringt sie. **17** Ich werde nicht sterben,
sondern leben, um die Taten des HERRN zu verkünden.
18 Der HERR hat mich gezüchtigt, ja, gezüchtigt, doch
mich dem Tod nicht übergeben. **19** Öffnet mir die Tore
der Gerechtigkeit, ich will durch sie hineingehn, um
dem HERRN zu danken! **20** Dies ist das Tor zum HERRN,
Gerechte dürfen hineingehn. **21** Ich will dir danken,
dass du mir Antwort gabst, du bist mir zur Rettung
geworden. **22** Ein Stein, den die Bauleute verwarfen, er
ist zum Eckstein geworden. **23** Vom HERRN her ist dies
gewirkt, ein Wunder in unseren Augen. **24** Dies ist der
Tag, den der HERR gemacht hat; wir wollen jubeln und
uns über ihn freuen. **25** Ach, HERR, bring doch Rettung!
Ach, HERR, gib doch Gelingen! **26** Gesegnet sei, der da
kommt im Namen des HERRN! Wir segnen euch vom
Haus des HERRN her. **27** Gott ist der HERR. Er ließ Licht
für uns leuchten. Tanzt den Festreigen mit Zweigen bis
zu den Hörnern des Altars! **28** Mein Gott bist du, dir will
ich danken. Mein Gott bist du, dich will ich erheben.
29 Dankt dem HERRN, denn er ist gut, denn seine Huld
währt ewig!

Als ein großer Lobgesang mit einer schillernden Bejubelung Gottes, des allgegenwärtigen Schöpfers und Partners der Menschen, präsentiert sich Psalm 118. Er wurde aus der Gruppe der Psalmen 113 bis 118 entnommen, die zu Tempelzeiten von den Leviten auf den Tempelstufen den zuströmenden Pilgern vorgesungen wurden. *Dank*, *Güte* und *Gnade* sind die Leitmotive des euphorischen Psalms, insbesondere der ersten vier Verse. Der nach Jerusalem pilgernde Jude sowie die am Judentum interessierten, heidnischen Pilger, die als *Gottesfürchtige* bezeichnet wurden, werden mit dem Aufruf zu frohlockendem Dank begrüßt, der mit der Güte und Gnade des Schöpfers begründet wird. Anlass der freudeüberströmenden Zusammenkunft in Jerusalem waren die drei großen Wallfahrtsfeste des Judentums, Pessach (Ostern), Schawuot (Pfingsten) und Sukkot (Erntedankfest), die die christliche Tradition Jahrhunderte später als die drei zentralen Feste ihres Glaubenszyklus übernahm. *Einstimmiger* Tenor der großen Zusammenkünfte sollte die Haltung und der Ausdruck der Dankbarkeit für die Erfahrungen mit dem Gott der Schöpfung in der abgelaufenen Lebensphase seit der letzten großen Zusammenkunft in Jerusalem sein. Die intensive Betonung der Dankbarkeit einer riesigen, versammelten Volksgemeinschaft vor den Toren des Heiligtums kann als *theologische Therapie* bezeichnet werden. Der nach Jerusalem pilgernde Mensch ist angehalten, seine alltäglichen Sorgen, Ängste, Belastungen und materiellen Bestrebungen für die Dauer seines Aufenthaltes loszulassen. Er soll sie gänzlich beiseitelegen zugunsten einer überragenden spirituell-religiösen, gemeinschaftlichen Erfahrung. Alles Alltägliche durfte und musste für die je einwöchige Dauer der großen Feste überhöht und überschritten werden. Durch eine mit allen Sinnen, mit Herz und Hirn spürbaren Erfahrung der Präsenz der Heiligkeit im Leben durften die zahlreichen Wallfahrer in eine andere Dimension von Realität eintauchen. Sie durften die erhebende Erfahrung machen, innerlich wie äußerlich an zeitübergreifenden, epochalen Bundeszeremonien mit geballter religiöser Dichte teilzuhaben. Religiöse Zeremonien wurden von einer Fülle von Liedern, Ritualen und Rezitationen begleitet, die sie mit der einstmaligen Entstehung ihres Volkes am Berge Sinai durch den legendären Glaubensstifter Mose aufs Innigste in Verbindung setzten. Der einzelne, jubelnde Jude in Jerusalem durfte sich einreihen in den lebhaften Reigen der mitfeiernden Bundesgenossen und somit ein unverbrüchliches spirituell-religiöses Kollektiv bilden. Er erlebte sich sinnlich und sinnstiftend vereinigt mit den vielen vorangegangenen Generationen der Bundespartner des Berges Sinai, die ihm diese kostbare Tradition über Jahrhunderte vermittelten. Eine generationsübergreifende Verbundenheit mit und Zugehörigkeit zu einer historischen *Stiftungsfeier* wird körperlich und seelisch im Hier und Jetzt vollführt. Jeder Jude weiß, dass die sprachlich überlieferte Bezeichnung seiner Volkszugehörigkeit *Jude*, die tiefe Dankbarkeit dem Schöpfer als auch den Gründungsvätern und Gründungsmüttern seines Glaubens ausdrücken will. Ein Jude, eine Jüdin, ist verpflichtet, ein Leben der Dankbarkeit, ein Leben der tiefen Anerkennung seiner historisch bedeutsamen Herkunft zu führen. Der Jude ist der dankbare Mensch schlechthin: der Mensch, der die Haltung der Dankbarkeit *einzuverleiben*, zu *verkörpern* hat. Da die essenzielle Dankbarkeit im Alltag eines jeden Menschen nur allzu leicht und allzu oft in den Hintergrund treten kann, sind die Pilger während der großen Wallfahrtsfeste aufgerufen, die Dankbarkeit in den Vordergrund zu rücken. Dreimal im Jahr werden alle Wallfahrer in Jerusalem aufgefordert, ihr gesamtes Leben im Zeichen der Dankbarkeit ihrem Schöpfer gegenüber zu betrachten. Die Veränderung des Blickwinkels, weg von routiniertem Pragmatismus und Utilitarismus hin zur Verstärkung und Vertiefung der Beziehung zum Schöpfer, ist die Absicht der großen Tempelzeremonien und des sie charakterisierenden, vorliegenden Hymnus. Auffällig ist die Dreistufigkeit der Gruppen, die aufgefordert werden, in choraler Gemeinschaft Gott zu preisen. Zunächst ist es die große Menge der Juden, der Israeliten, gefolgt von den im Tempel amtierenden Leviten und abgerundet durch alle nichtjüdischen, jedoch gottesfürchtigen Wallfahrer. Diese durch den Psalmisten bewusst gewählte Dreigliedrigkeit will einerseits die Heterogenität der Pilger wahrnehmen und würdigen. Andererseits soll diesen die einmalige Erfahrung der *Symphonie der Polyphonie*, des Zusammenklangs ihrer Vielstimmigkeit gegeben werden, sodass aus den Vielen eine Einheit wird. Die darauffolgenden Verse des Psalms verkünden mit heroischem Glanz die stets umsorgende Präsenz Gottes im Leben der Pilger in ihrem eigenen, hinter sich gelassenen Alltagsleben. Die ausgefeilte Theozentrik der Psalmenverse will sowohl den biblischen Pilger als auch den nachbiblischen Beter in den beglückenden und Sicherheit spendenden *Bannkreis* der Nähe Gottes rücken. Durch die lautstarke Verkündigung der herrlichen Taten Gottes sollen die Beter die oberste Priorität ihres Lebens erkennen: „Ich werde nicht sterben, sondern leben, um die Taten des HERRN zu verkünden." Das Wesen menschlichen Trachtens auf Erden darf nicht darin bestehen, in den Alltäglichkeiten des Lebens zu versinken, sondern sich inmitten des Alltags hinaufzuschwingen zur großen Verherrlichung des Schöpfers des Lebens. „Mein Gott bist du, dir will ich danken. Mein Gott bist du, dich will ich erheben." Mit solch gewaltigen, erhebenden Ruhmesworten kann der Pilger, kann der Beter, Wesentliches von Unwesentlichem nicht nur in seinem Alltag, sondern in seiner gesamten irdischen Existenz deutlich voneinander scheiden. Die in der euphorischen Gemeinschaftserfahrung entstandene Refokussierung nährt den Beter und erinnert ihn an seine ererbte Verpflichtung, Bundespartner des Ewigen Gottes zu sein und zu bleiben. Der Ewige Gott will durch Seine je neuen, wundervollen Rettungs-, Bergungs- und Zurechtweisungstaten das Leben des Beters in eine wachsende Erkenntnis Seiner göttlich-fürsorglichen Gegenwart verwandeln. Ausgestattet mit der Kraft des durch die Leviten zeremoniell erteilten göttlichen Segens, weiß sich der Beter am Ende des Festreigens inspiriert und motiviert, in seine Heimatstadt zurückzukehren. Der einstige Pilger weiß sich von der Vielzahl der gesungenen und rezitierten Bekenntnisse *gefüllt* und erfüllt. Er ist erfüllt von der Gewissheit der nie versiegenden Allgegenwart und Allmächtigkeit des treuen und teuren Bundesgottes. Nach dem stärkenden und bekenntnisreichen, in der verbindenden Gemeinschaft reichlich gefeierten Gottesdienstes kehrt der Pilger mit spirituell-emotional *aufgeladenen Batterien* zurück in die Peripherie. Dort vermag er den *Gottesdienst der Dankbarkeit und Freude im Herzen* auf regional-lokaler Ebene fortsetzen bis zur kommenden Wallfahrt nach Jerusalem.

Auch der nachbiblische, zeitgenössische Leser und Beter kann diese *Wallfahrt nach Jerusalem* auf seiner inneren Herzensebene nachgestalten und nachfeiern durch eine Reise in sein inneres Heiligtum, sein inneres Jerusalem. Nach Vollendung einer solch erbaulichen Gottesbegegnung im individuellen Herzen gilt auch für ihn wie für die Fülle der seinerzeitigen biblischen Beter: nächstes Jahr – zum nächsten Fest – in Jerusalem!

121

Der Hüter Israels

Der Hüter Israels

1 Ein Lied für die Wallfahrt. Ich erhebe meine Augen
zu den Bergen: Woher kommt mir Hilfe? **2** Meine Hilfe
kommt vom HERRN, der Himmel und Erde erschaffen
hat. **3** Er lässt deinen Fuß nicht wanken; dein Hüter
schlummert nicht ein. **4** Siehe, er schlummert nicht
ein und schläft nicht, der Hüter Israels. **5** Der HERR
ist dein Hüter, der HERR gibt dir Schatten zu deiner
Rechten. **6** Bei Tag wird dir die Sonne nicht schaden
noch der Mond in der Nacht. **7** Der HERR behütet dich
vor allem Bösen, er behütet dein Leben. **8** Der HERR
behütet dein Gehen und dein Kommen von nun an bis
in Ewigkeit.

Psalm 121 lädt den meditativen Beter ein, sich von der enormen Anziehungskraft der von ihm ausstrahlenden Geborgenheit in Gott, den allumfassenden Fürsorger, inspirieren zu lassen. Die Einreihung dieses Psalms in die Reihe der sogenannten Wallfahrtspalmen 120–134 hat die alljährlich erfolgende Wallfahrt der jüdischen Pilger zu den Feierlichkeiten der drei biblischen Wallfahrtsfeste in Jerusalem zum Hintergrund. Psalm 121 war Bestandteil einer umfangreichen Begrüßungsliturgie der amtierenden Vorbeter auf den Stufen der zu den großen Gebetshallen führenden Tempeltreppen. Im hebräischen Urlaut werden diese fünfzehn Gesänge *Aufstiegs-Lieder* genannt, in Anlehnung an die hinaufzusteigenden Treppen im Vorhof des Tempels. Gemäß der metaphorischen Deutung des großen deutschen Rabbiners Samson Raphael Hirsch wollen die vom Verfasser genannten *Aufstiege* die inneren, seelischen *Aufstiegsetappen* im Leben des gläubigen Menschen benennen. Die Psalmenreihe beabsichtige aus der Sicht des königlichen Dichters David, eine Anleitung zum schrittweisen, geistigen Aufstieg des zum geistigen Wachstum berufenen Erdenmenschen zu sein. Der Verfasser wolle dem bibelzeitlichen Pilger als auch dem nachbiblischen Leser und Hörer durch die Psalmworte Impulse zur geistigen Entwicklung und zum geistigen Fortschritt *ans und ins Herz* legen (Samson Raphael Hirsch, Psalmen übersetzt und erläutert, Verlag Morascha Basel 2005, S. 654 ff). Bereits durch die eröffnenden Worte: „Ich erhebe meine

Augen zu den Bergen“, versteht der Psalmist die Grundstimmung des Psalms meisterhaft zu kreieren. Leser und Hörer wollen angeregt werden, eine Veränderung ihres Blickwinkels, eine Veränderung ihres Augenblicks zu wagen, die weggeht von der monotonen, eingefleischten Betrachtung der vertrauten Niederungen des Alltagsgeschehens, hinauf zu den Höhen der göttlichen Lenkung und Führung alles irdischen Geschehens. Der Beter weiß aus eigener Erfahrung zu berichten, dass die innere wie äußere Abwendung von irdischen Prozessen, Problemen und Prognosen mit zeitgleicher Zuwendung zum Gott der Schöpfung die ideale Hilfe und Lösung alle irdischen Belastungen darstellt. Der mutige, emporgerichtete Blick befreit von der allzu oft erstarrten und verhärteten Fixierung auf irdische Entwicklungen und Fehlentwicklungen. Das be-herzte Loslassen der materiellen Vereinnahmung zugunsten der Ausrichtung auf eine überirdische, spirituelle Realität kommt einer völlig neuen Orientierung im Umgang mit allem irdisch Schweren und Belastenden gleich. Zentnerschwere Lasten müssen nicht mehr verbissen und verzweifelt allein gestemmt werden. Der Blick weitet sich zu einer großen, alles umwölbenden, alles umfassenden Dimension des göttlich Überirdischen hin. Der Ausruf „Ich erhebe meine Augen zu den Bergen“ bekommt eine neue, greifbar bergende Bedeutung. Nachdem der Dichter seine göttliche Hilfe als vom Himmel kommend deklariert, seinen himmlischen Helfer mit Hüter bezeichnet, kann er dem Empfänger seiner dichterischen Botschaft, dem Leser, Trost verheißend versichern, ihn werde kein irdisches Unheil treffen. Der Psalmist versteigt sich aufgrund seiner euphorisch-getragenen, fundamentalen Überzeugung zu formulieren: „Der Herr behütet dich vor allem Bösen, er behütet dein Leben.“ Der realistische Leser darf an dieser Stelle zu Recht einwenden, wie die kühne Feststellung des Dichters mit den vielen tragischen Unfällen, menschlichen Krankheiten und Katastrophen auf Erden in Übereinstimmung zu bringen sei? Unter Zugrundelegung der Verkündigung unseres Psalms dürfen und müssen wir annehmen, der tiefgläubige Dichter definiere *das Böse* und *das Leben* anders als auf herkömmliche Weise. Wenn ein Mann der Glaubwürdigkeit König Davids uns mit Sicherheit mitteilt, Gott bewahre den vertrauensvollen Menschen vor der Macht des Bösen, dann muss der Dichter davon ausgehen, dass die herkömmlicherweise mit *böse* bezeichneten Erfahrungen in ihrem innersten Wesenskern die Kategorie des Bösen und Zerstörerischen überschreiten. Auch die vom Dichter geäußerte Beobachtung, Gott, der Hüter des Lebens, behüte unser Leben, muss einer *überkonventionellen*, transzendenten Wahrnehmung entspringen. Der Dichter will uns vermitteln, dass es eine übergeordnete Ordnung spirituellen Lebens gibt, die durch keinerlei materiell *böse* Erfahrung Schaden erleiden kann, die, bedingt durch ihre rein geistige Natur, immer unversehrt bleiben wird. König David führte ein turbulentes, ereignisreiches Leben, das der prallen Realität ausgesetzt war. Jedoch verstand er es stets, sich trotz und wegen seiner heftigen Turbulenzen in seine Herzensebene zu versenken. Der Dichter David präsentiert uns einen Gott, der seiner besonderen Natur nach unermüdlich, *ruhelos* ist. Dieser Gott ist folglich in der Lage, über den so schnell ermüdenden Menschen ungehindert zu wachen und ihn zu behüten. Selbst wenn der äußere Augenschein trügen mag, bleibt der vertrauende Erdenbürger in seiner tiefsten, überirdischen Ordnung ein unbehelligtes Seelenwesen. Der Psalmist vergleicht den Schöpfer mit dem Phänomen des Schattens, der seinem Lichtsubjekt auf Schritt und Tritt folgt. Die *Treue* dieses hartnäckigen Schattens lässt sich auf Gottes unaufhörlich begleitende Präsenz im Leben des Erdenbürgers übertragen. Gottes schattenspendende Begleitung auf Erden ist geheimnisvoller, rational nicht zugänglicher Schirm und Schutz aus einer anderen, transzendenten Welt. Wer sich dieser translogischen, nur dem Herzen zugänglichen Erfahrung vorbehaltlos hingibt, erkennt in seinem Herzen, dass sein Leben ein fortwährender Sieg über das vermeintlich Böse ist und bleiben wird. Jeder irdische Ausgang, jede irdische Rückkehr, jede irdische Unternehmung wird zu einer göttlichen Mission, welche unter Gottes Behütung, Bewahrung und Führung steht. Auch der letzte, irdische Ausgang, verbunden mit der krönenden, endgültigen Rückkehr in die ewige göttliche Heimat, vermag dem gläubigen Dichter keine Angst einzuflößen. Der treue Gott, der ihn uranfänglich in diese

Welt setzte, ihn durch Höhen und Tiefen trug, dieser verlässliche Gott wird ihn mit unumstößlicher Gewissheit, die nur einem *gefestigten Herzen* entspringen kann, zurück in den Ausgangspunkt seiner Erdenreise geleiten. Von dieser unüberbietbaren und zugleich unzerstörbaren Grundeinstellung gegenüber dem Leben getragen, kann der Dichter sein ganzes irdisches Leben unter die Obhut seines transzendenten Wächters und Hüters stellen. Sein Leben ist nicht mehr ausschließlich auf das rein Irdische ausgerichtet. Sein Leben ist aufs Engste mit seinem auf ihn aufmerksam achtenden göttlichen *Absender* – Schritt für Schritt, Tat für Tat, Ergebnis für Ergebnis – vereint.

126
Von Tränen zum Jubel

Von Tränen zum Jubel

1 Ein Wallfahrtslied. Als der HERR das Geschick Zions
wendete, da waren wir wie Träumende. **2** Da füllte sich
unser Mund mit Lachen und unsere Zunge mit Jubel.
Da sagte man unter den Völkern: Groß hat der HERR
an ihnen gehandelt! **3** Ja, groß hat der HERR an uns
gehandelt. Da waren wir voll Freude. **4** Wende doch,
HERR, unser Geschick wie die Bäche im Südland! **5** Die
mit Tränen säen, werden mit Jubel ernten. **6** Sie gehen,
ja gehen und weinen und tragen zur Aussaat den
Samen. Sie kommen, ja kommen mit Jubel und bringen
ihre Garben.

Ein Psalm aus der Feder des Königs David entfaltet vor uns seine sprachliche Schönheit und seine tiefe spirituelle Botschaft. In diesem Psalm reflektiert der weise König nicht seine eigenen biografischen Fakten, sondern eine wichtige bibelgeschichtliche Erfahrung seines gesamten jüdischen Kollektivs: die Rückkehr aus der Babylonischen Gefangenschaft nach 70 Jahren Verbannung auf fremdem Boden durch die Feindesmacht der Babylonier. König David hat diese Verbannung zu seinen Lebzeiten zwar nicht erlebt, weiß jedoch aufgrund seiner prophetischen Weitsicht über dieses schwere Schicksal seines Volkes zu berichten. Die Größe dieses Psalms besteht bezeichnenderweise nicht darin, historisch-vergängliche Einzelheiten zu benennen, die ausführlich in den relevanten, historiographischen, biblischen Büchern beschrieben werden. Dem Verfasser geht es darum, in leicht zugänglichen, bildlichen Begriffen Gottes umfassendes Wirken während dieser bitteren Zeit anschaulich und Hoffnung spendend zu präsentieren.
Eine Theologie in greifbaren und begreifbaren Bildern, entnommen aus der täglichen orientalischen Lebenswelt, soll den Leser über Gottes allgegenwärtiges Wirken in der Geschichte seines Volkes Israel ins *rechte Bild* rücken.
Wie bei allen meditativen Auslegungen dieses Buches gilt der Grundsatz, demzufolge König David seine Psalmen primär für die Gemeinschaft seiner jüdischen Brüder und Schwestern verfasste. Durch Gottes Wirken im Laufe der jahrhundertelangen, nachbiblischen Geschichte durfte sich der Adressatenkreis der Psalmen deutlich erweitern,

so auf die Christen und alle Menschen gläubigen Herzens. So wird im psalmischen Text das spezifisch jüdische Vertreibungs- und Erlösungsschicksal aus den Händen der babylonischen Besatzungsmacht im 6. Jahrhundert vor der Zeitrechnung spirituell gedeutet. Gleich zu Beginn betont der bewegte Psalmist, zum Zeitpunkt der Beendigung ihres jahrzehntelangen Exils auf fremdem Boden werden die in ihre geliebte, jüdische Heimat zurückkehrenden Juden sich als Träumende erleben. Welch tiefere Bedeutung hat diese Wendung der *Träumenden* im historischem Kontext? War doch das Exil auf fremdem, babylonischem Boden alles andere als ein Traum, allenfalls ein Alptraum. Rabbiner Samson Raphael Hirsch, ein wichtiger Repräsentant des deutschsprachigen Judentums im 19. Jahrhundert, deutet den herausfordernden, bildlichen Begriff überraschend andersartig (Samson Raphael Hirsch, Psalmen erklärt und erläutert, Verlag Morascha Basel 2005, S. 664 ff): Zum Zeitpunkt der Erlösung aus der Gefangenschaft und der Rückkehr in die geliebte Heimat durch Gottes wundersames Einwirken wird den Rückkehrern die gesamte, zurückliegende Epoche des bitteren Leidens wie ein übler Traum, wie eine unwirkliche, nur in der Phantasie existierende Pseudo-Realität erscheinen. Das Wunder der Beendigung aller Leiden wird ein so leuchtendes, göttlich-gehaltvolles Erlebnis darstellen, dass alle zurückliegenden Leiden ins Bedeutungslose verblassen werden, vergleichbar dem Aufwachen nach einem sogenannten schlechten Traum. Der Psalmist weiß kraft seiner vorausschauenden Intuition deutlich zu beschreiben, dass die überbordende Freude über das Ende von Vertreibung und Vernichtung grenzenlos sein wird. Gottes übernatürliches Erlösungshandeln wird tiefgreifende Spuren hinterlassen, sowohl in der feindlichen Völkerwelt als auch in der Gemeinschaft der erlösten Juden selbst. Zunächst wird die breite Völkerwelt staunend in Jubel ausbrechen ob der großen Rettungstat Gottes an seinem geschundenen Volk. Anschließend wird das jüdische Volk, ausgelöst durch diese ansteckenden Jubelrufe, seinerseits in Jubel und Dankbarkeit dem rettenden Gott gegenüber ausbrechen. Die ehemals den Juden tödlich-feindlich gesinnten Völker werden von der Größe der göttlichen Handlungen zum Wohle der Bedrängten dermaßen widerstandslos-ohnmächtig reagieren, dass Lob und Gesang zu Gott der einzig adäquate Ausdruck ihrerseits sein wird. So wird auch die Völkerwelt aus ihrer Illusion, aus ihrem Traum des berauschenden Größenwahns von Dominanz und hemmungsloser Eroberung des jüdischen Volkes aufwachen wie nach einem schlechten Traum. Im Angesicht der alles verändernden Intervention Gottes in seiner Schöpfung verblasst sowohl die Machtlosigkeit, die Ohnmacht der geschundenen Juden als auch die Machtbesessenheit der Völkerwelt ins Nichts, ins *Traumhafte*. Diese unbändige Gewissheit des Beters lässt ihn in der Folge des Psalms Gott noch lange vor Eintritt Seines Erlösungshandelns inständig darum bitten, diese Erlösung für alle Menschen in höchstem Ausmaß erlebbar geschehen zu lassen. Davids intuitive Vision schreit danach, konkreteste Gestalt in der Schöpfung Gottes zu bekommen, sodass die gesamte Schöpfung in einen einzigen Lobpreis Gottes einstimmen darf. Erneut greift König David zu einem bildlichen Phänomen, das den Juden der Bibelzeit alltäglich bekannt war, die monatelang ausgetrockneten Bäche im Süden des Landes. So wie diese Wasserläufe während der alljährlichen, spätherbstlich-winterlichen Regengüsse schlagartig mit großen Wassermengen überfüllt werden, so mögen Davids jüdische Glaubensgeschwister die schlagartig hereinbrechen werdende Erlösung Gottes erleben. Der Psalmist zieht ein drittes, bildliches Motiv aus der orientalischen Welt zur Verdeutlichung heran: das Motiv des Säens und Erntens. Jeder Sämann sät alljährlich mit Mühe und Ausdauer die Samen der neuen Pflanzen und der neuen Getreide aus, um ergiebige Ernte einzubringen, so beginnt die Analogie des Dichters. Gleichermaßen darf und muss der im Exil leidende und ausharrende Heimatvertriebene in der Gewissheit der kommenden Erlösung die Flagge der Hoffnung und des Vertrauens in jedem Moment der noch düsteren Gegenwart mutig hochhalten. Zur Zeit der Ernte wird in materieller wie in spiritueller Hinsicht der Jubel der Dankbarkeit und der Freude kein Maß kennen. Der Schlüsselbegriff des Jubels (in Hebräisch RINA) findet pointiert dreimalige Verwendung im Psalm: in Vers 2, in Vers 5 und Vers 6. Gemäß numerologischer Lehre des rabbinischen Judentums repräsentiert die Zahl *Drei* die menschliche Transformation von einem Extrem ins andere, in unserem Fall von Elend zu Glück, von Abstieg zu Aufstieg. Die Verknüpfung sprachlicher Aussagen mit numerologischer Symbolik ist eine, die gesamte Hebräische Bibel durchziehende, didaktische Strategie der jeweiligen jüdischen Autoren. Diese soll die verborgene göttliche Einheit von Wort und Zahl, von Geist und Materie in den Dienst größtmöglicher Verständlichkeit und Erkenntnisfähigkeit – durch den zum Staunen und Bewundern aufgerufenen Leser – bringen. Der bibelversierte Verfasser verkündet seine theologisch-spirituelle Botschaft *dreifaltig*, mit der Kraft des Wortes, der Kraft der Zahl und der Kraft der Natursymbolik. Es entsteht eine gelungene und durch neuerliches Lesen je neu gelingende Synthese der allumfassenden Einheit irdischer Prozesse, die vom Schöpfer allein lückenlos überblickt werden. Menschliche Lebensstationen von Gehen und Kommen, Trauer und Freude, Vertreibung und Rückkehr, Anfang und Ende werden im Psalm in eine reiche Bildsymbolik aus der Fülle der umgebenden Natur zusammengeflochten. Wie in vielen davidischen Psalmen bedient sich der Verfasser auch hier der lehrreichen *ansprechenden* Natur, um mittels ihrer Gesetzmäßigkeit und lehrreichen Anschaulichkeit den Menschen zu aufmerksamer Beobachtung und Erkenntnis anzuleiten. Der Leser wird aufgefordert, der Freude, dem Jubel und der vorauseilenden Dankbarkeit die Oberhand zu geben, im unerschütterlichen Vertrauen auf Erlösung und Erneuerung in der unermüdlichen Ausdauer im Hier und Jetzt.

127 Lied vom Lebensglück

Lied vom Lebensglück

1 Ein Wallfahrtslied. Von Salomo. Wenn nicht der
HERR das Haus baut, mühen sich umsonst, die daran
bauen. Wenn nicht der HERR die Stadt behütet, wacht
umsonst, der sie behütet. **2** Es ist umsonst, dass ihr
früh aufsteht und euch spät erst niedersetzt, um das
Brot der Mühsal zu essen; was recht ist, gibt der HERR
denen, die er liebt, im Schlaf. **3** Siehe, ein Erbteil vom
HERRN sind Söhne, ein Lohn ist die Frucht des Leibes.
4 Wie Pfeile in der Hand eines Kriegers, so sind Söhne
aus den Jahren der Jugend. **5** Selig der Mann, der
mit ihnen den Köcher gefüllt hat! Sie werden nicht
zuschanden, wenn sie mit ihren Feinden rechten im
Tor.

Wieder entfaltet sich vor unseren Augen eines der 15 sogenannten Wallfahrtslieder des großen Psalmenverfassers König David. Die Gott verherrlichenden Psalmen 120 bis 134 wurden von den Leviten im Tempel Gottes, den König Salomo errichten durfte, den aus allen Teilen Israels herbei strömenden jüdischen Pilgern jubelnd zu gesungen. Nach alternativer Deutung des hebräischen Wortes SCHIR HA-MA-ALOT durch Rabbiner Samson Raphael Hirsch (Samson Raphael Hirsch, Psalmen übersetzt und erläutert, Verlag Morascha Basel 2005, S. 654 ff), welches dem deutschen Terminus Wallfahrtslied zugrunde liegt, kann dieser Begriff mit *Aufstiegslied* übersetzt werden. Rabbiner Hirschs Sicht zufolge sind die 15 genannten Psalmen erbauliche, dem geistig-seelischen Wachstum und *Aufstieg zur Erkenntnis des Einen Schöpfergottes* dienende Loblieder. Die traditionelle, deutschsprachige Übersetzung der psalmischen Zueignung „von Salomo" entspricht strenggenommen nicht dem hebräischen Urlaut, in welchem *dem Salomo* tradiert wird. Es handelt sich bei dieser korrigierenden Übersetzung nicht um eine Petitesse, sondern um eine Alternative, die dem Kontext des Psalms ein verständlicheres Fundament gibt. Der alternde König David weiß um seinen bestellten Nachfolger König Salomo, der Gottes Auftrag gemäß das erste biblisch-religiöse Nationalheiligtum Israels in Jerusalem erbauen wird. Der weise König und Psalmist möchte seinem Sohn im Angesicht dieser herausfordernden Monumentalleistung gereifte

Empfehlungen zusprechen. Der neue König Salomo soll verinnerlichen, dass jeder noch so kleinen oder noch so großen Bauinitiative nur in Verbindung mit Gottes Segen und Gottes Begleitung Gelingen beschieden sein wird. Der lebenserfahrene, in seiner Beziehung zu Gott enorm gewachsene König David will nicht tatenlos, sprich ohne väterlichen Rat, zuschauen, wenn sein geliebter Sohn sich anschickt, ein gigantisches Werk zu leisten. Ein anspruchsvolles Bauvorhaben wie der Bau eines epochalen Gotteshauses, bei welchem viele materielle Aspekte Berücksichtigung finden müssen, darf nicht ohne die benötigte theologische Unterweisung begonnen werden. Auffällig innerhalb der ersten beiden Sätze ist, dass der weise Dichter seine Ermahnungen an seinen Sohn sowie an alle übrigen, bauwilligen Menschen auf Erden in einer negativen Formulierung präsentiert. Mit den scharfen Worten: „Wenn nicht [...] Wenn nicht [...] Es ist umsonst", drückt der Dichter seine Warnung aus, materielle Bestrebungen nicht ohne die gebührende Unterwerfung unter Gottes Willen in die Tat umzusetzen. Die Frage, die sich jedem aufmerksamen Leser aufdrängt, lautet: Warum drückt der Dichter seine weisen Empfehlungen nicht positiv aus? Der unbedarfte Leser würde Worte erwarten wie: *Wenn der Herr das Haus baut, gelingt das Vorhaben denjenigen, die es bauen. Wenn der Herr die Stadt behütet, gelingt die Wache denjenigen, die sie ausführen. Es ist gut, wenn ihr früh aufsteht und spät zu Bett geht, solange ihr mit eurem Himmlischen Vater in Verbindung steht. Dann müsst ihr gewiss kein Brot der Mühsal essen.* Die mehrfach benutzte, negative Formulierung will den Leser mit drastischen Worten auffordern, unter allen erdenklichen Umständen die verführerische, jedoch trügerische Illusion zu verabschieden, der Mensch könne allein mit Hilfe seiner egogeleiteten Ressourcen große Werke des Lebens vollbringen. König David weiß aus seiner eigenen reichen Lebenserfahrung, wie mächtig sich die menschliche Egobesessenheit in entscheidenden Momenten des Lebens manifestiert. Unter Berücksichtigung der Versuchungen und Verführungen seines eigenen herausforderungsreichen Lebens weiß der gottzentrierte Monarch sowohl seinem Sohn als auch jedem lernwilligen Initiator materieller Pläne von falschen Vorstellungen abzuraten. Die negative Abfassung der dringend gebotenen Anweisungen des Dichters akzentuiert die lauernde Gefahr viel deutlicher, viel prägnanter als eine eher *harmlos* wirkende positive Abfassung. Das negative, sprachliche Konstrukt will die allgegenwärtigen Gefahren einseitig-materiellen Denkens unbeschönigt beim Namen nennen. Auch die sprachliche Konstruktion: „was recht ist, gibt der HERR denen, die er liebt, im Schlaf", bedarf einer Klärung vor dem Hintergrund des beabsichtigten, hebräischen Urtextes. Kann sie doch leicht als Aufruf zu menschlicher Passivität missverstanden werden. Das hebräische Original will sprachlich als auch inhaltlich ausdrücken, dass die, jedem materiellen Vorhaben zugrundeliegenden, emotionalen Belastungen durch Sorgen, Zweifel, Unsicherheiten und Ängste mutig an Gott *delegiert* werden dürfen. Gott, der Schöpfer und oberste *Bauherr* des gesamten menschlichen Lebens, kann im Zustand des entspannten, nächtlichen Schlafes einem jeden seiner menschlichen Geschöpfe die benötigte Klarheit und Sicherheit eingeben. Alle überzogenen menschlichen Sorgen, alle überzogenen, allzu oft verkrampften, menschlichen Anstrengungen, die nur dem angstvollen, zerbrechlichen *Ich* entspringen, dürfen bei Nacht getrost dem großen *Du* übergeben werden. Dieses große, göttliche *Du* wird den verzagten, kleinen Menschen bei all seinen großen, materiellen Absichten aus höherer Perspektive hilfreich begleiten und inspirieren.

Johann Wolfgang Goethe drückt diese Gewissheit in seinem Werk „Gott. Gemüt und Welt" mit folgenden Worten aus: „In wenig Stunden hat Gott das Rechte gefunden. / Wer Gott vertraut, ist schon auferbaut." Zwischen den Zeilen will der erleuchtete König dem Leser bedeuten, dass zunächst am *Bau des inneren Gebäudes* von Gottvertrauen und Gottverbundenheit gearbeitet werden muss, bevor sich der Mensch anschicken darf, sich dem äußeren Bauvorhaben zu widmen. Nach diesen klärenden und richtungweisenden Worten kontrastiert der Psalmist die äußeren Aktivitäten des stets ehrgeizigen Menschen mit den wahrhaftigen *Bautätigkeiten* im Leben des Menschen. Die *Produktion* von Nachkommen, von lebenstüchtigen Kindern, die den Eltern Freude und Ehre bereiten, wird als zentrales, erstrebenswertes Ziel im Leben des gläubigen Menschen genannt. Die Weitergabe persönlicher Ideale und Maximen an nachfolgende Generationen, die die gottgeschaffene Erde bevölkern sollen, gilt dem gläubigen Juden als höchstes, göttliches Geschenk. Söhne und Töchter werden als göttliche Gnade und Erfüllung betrachtet. Der Mensch als Vater und Mutter kann sich in seinen innigsten, *handgefertigten Produkten* viel besser wieder entdecken und wieder erleben als in jedem noch so protzigen, prunkvollen äußeren Bau, der aus lebloser und liebloser Materie gefertigt wurde. Söhne und Töchter sind beeinflussbare, prägbare menschliche Wesen, die Vater und Mutter die Erfahrung von Zugehörigkeit, Kommunikationsfähigkeit und Verteidigungsbereitschaft bieten. Auf der Nachkommenschaft ruht göttlicher Segen. Der Psalmist konnotiert diesen biblisch tradierten Segen mit dem im Deutschen blass klingenden Begriff *selig*. Das hebräische Ursprungswort ASCHREI impliziert eine geistig-seelische Fülle und Erfüllung, die nur erlebbar wird, wenn sich der Mensch *Ich*-überschreitenden, göttlichen Idealen zuwendet, wenn er seine innere Sehnsucht nach den göttlichen Ambitionen in seinem Herzen verspürt. Wiewohl die spirituelle Erfahrung der Erfüllung sich im Herzen des Menschen zuträgt, wird diese sich im äußeren *Lebenskampf* manifestieren, in Gestalt eines selbstbehaupteten, lebensfrohen und zugleich wehrfähigen Daseins im Angesicht von Freundschaft und Feindschaft. Wieder ist es dem biblischen Dichter gelungen, eine Brücke zwischen Innerlichkeit und Äußerlichkeit im Leben des Menschen zu schlagen. Erst die gebotene Betrachtung und Beachtung der reichen Innenwelt des menschlichen Herzens versetzt den suchenden Erdenbürger in die Lage, den wahren Glanz menschlicher Existenz auf Erden wahrzunehmen und zu erleben.

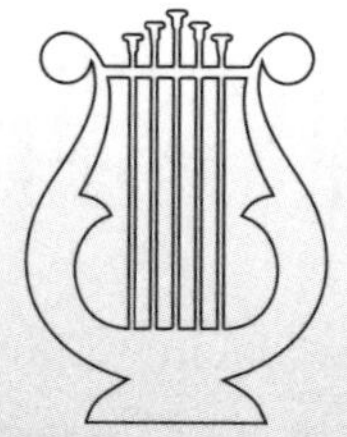

138 Dank und Bekenntnis der Macht Gottes

Dank und Bekenntnis der Macht Gottes

1 Von David. Ich will dir danken mit meinem ganzen
Herzen, vor Göttern will ich dir singen und spielen.
2 Ich will mich niederwerfen zu deinem heiligen
Tempel hin, will deinem Namen danken für deine Huld
und für deine Treue. Denn du hast dein Wort größer
gemacht als deinen ganzen Namen. **3** Am Tag, da ich
rief, gabst du mir Antwort, du weckst Kraft in meiner
Seele. **4** Dir, HERR, sollen alle Könige der Erde danken,
wenn sie die Worte deines Munds hören. **5** Sie sollen
singen auf den Wegen des HERRN. Die Herrlichkeit
des HERRN ist gewaltig. **6** Erhaben ist der HERR, doch
er schaut auf den Niedrigen, in der Höhe ist er, doch
er erkennt von ferne. **7** Muss ich auch gehen inmitten
der Drangsal, du erhältst mich am Leben trotz der
Wut meiner Feinde. Du streckst deine Hand aus,
deine Rechte hilft mir. **8** Der HERR wird es für mich
vollenden. HERR, deine Huld währt ewig. Lass nicht ab
von den Werken deiner Hände!

Im neutestamentlichen Brief an die Hebräer Kapitel 4, Verse 12 und 13 teilt der Verfasser seinen Hörern und Lesern eine faszinierende Aussage zur Macht des göttlichen Wortes mit:

„Denn lebendig ist das Wort Gottes, wirksam und schärfer als jedes zweischneidige Schwert; es dringt durch bis zur Scheidung von Seele und Geist, von Gelenken und Mark; es richtet über die Regungen und Gedanken des Herzens; vor ihm bleibt kein Geschöpf verborgen, sondern alles liegt nackt und bloß vor den Augen dessen, dem wir Rechenschaft schulden."

Es ist ein bibeltypisches Charakteristikum aller Erzählungen über die gottgläubigen Protagonisten der Bibel, im geoffenbarten Wort Gottes eine Quelle der Inspiration und unentbehrlichen Belehrung zu erblicken. Der jüdische Mensch der Bibel, der den spirituellen Kontakt zu seinem Schöpfer aufrichtig sucht, weiß um die belebende und Orientierung gebende Kraft des ihm widerfahrenden Wortes Gottes. Er erlebt den in seinem Herzen empfangenen Zuspruch Gottes als unverzichtbare, tägliche, stündliche Nahrung für sein geistig-seelisches Wachstum. Ein solch exzellenter Kenner und Liebhaber des *Himmlischen Wortes* war der Autor der uns überlieferten Psalmen Israels. Überwältigt von der Tiefe und durchdringenden Ausstrahlung der ihm persönlich in seinen vielen Lebensstationen zugesprochenen Worten seines

Schöpfers, steht König David vor uns, seinen staunenden Lesern und Hörern. Er kann und will nicht anders als in pulsierenden, psalmischen Worten seinen unbändigen Dank und tiefste Ergriffenheit ausdrücken. Selbst wenn manch zeitgenössischem, okzidentalem Leser und Hörer die ausgesprochene Euphorie des Dichters fremd anmutet, so entspringt sie einem reichen und erfüllten menschlichen Herzen. Sie entspringt einem jüdischen Herzen, das sich von frühester Kindheit und Jugend auf eine lebenslange Begegnung mit dem Erschaffer des Lebens *eingeprägt* hat.

Auch der große Jude Rabbi Jesus Jehoschua wusste um das überfließende Herz, das Herz, das seine Erfüllung mit Gott nicht zurückhalten kann und nicht zurückhalten will. In seiner leuchtenden *Feldlehre* weiß Rabbi Jesus dem Leser kraftvolle Worte *ins Herz zu legen*: „Der gute Mensch bringt aus dem guten Schatz seines Herzens das Gute hervor und der böse Mensch bringt aus dem bösen Herzen das Böse hervor. Denn wovon das Herz überfließt, davon spricht sein Mund (Lukas Kapitel 6, Vers 45)."

Dieser wunderbar belebende *Geist der Herzensfülle* durchweht den vorliegenden Psalm mit einer schier kindlichen Frische, Klarheit und nicht zu überbietenden Geborgenheit in Gott. Mit ganzem Herzen, mit allen dunklen und hellen, tiefen und hohen Regungen seines weisen Herzens, wünscht der Verfasser sich seinem Gott und der Welt gegenüber zu präsentieren. Gottes unaufhörliche Präsenz in seinem Leben, mit all ihren spezifischen, subjektiv angenehmen wie unangenehmen Manifestationen, durchpulst den Dichter. Gottes beharrliches und treues Festhalten an seiner Person inmitten aller erfahrenen Höhen und Tiefen löst in ihm Demut und Faszination aus. Es drängt ihn danach, das Heiligtum seines Gottes in Jerusalem, welches erst sein Sohn Salomo erbauen wird, auf der seelischen, visionären Ebene aufzusuchen. Dort möchte er sich vor seinem überirdischen Partner unkonventionell und unkoordiniert tief verneigen, *hinwerfen*. Gottes weise Zusprüche an ihn in seinem bisherigen Leben waren so hinreißend, erneuernd und einzigartig, dass der weise Regent Gott mit Wort und Geste zu preisen begehrt, jenseits aller rituellen Gepflogenheiten. David preist den *dialogischen Gott*, den Gott, der auf sein Rufen und Schreien stets antwortet, losgelöst von Formalismus und *Sprechzeiten*-Regelungen. Sein Partner-Gott hat sich in seinem stürmischen Leben bewährt. Er kennt keine menschlich reglementierten, starren *Sprechzeiten*. David preist vor der lernwilligen Menschheit den Gott, der ihm Seine Treue und Seine Zuwendung bedingungslos und zeitungebunden erwiesen hat und stets aufs Neue erweist. Diesen unkonventionellen, jederzeit ansprechbaren Gott zu erleben, ist die Aufgabe des Menschen auf Erden, ob Jude oder Nichtjude, ob König oder Knappe. Der ergriffene Verfasser betont, dass die Zusprüche Gottes sich an jeden hör- und lernwilligen Menschen richten. Der Gott des Lebens, so wie ihn König David erlebt, hat *ein gro-*

ßes Herz für all seine irdischen Geschöpfe. Der Psalmist will mit seinen appellierenden Worten Zeugnis ablegen von der beglückenden Erfahrung, die er durch den fortwährenden Dialog mit seinem Gott macht. Glück und Reichtum dieser Beziehung will er nicht für sich allein behalten. Er weiß sich berufen, diesen inneren Schatz mit der Gesamt-Menschheit zu teilen. Im Stil überzeugen wollender, persönlicher Lektionen aus seinem Leben bekennt der Psalmist die beispiellose Größe Gottes. Aus Seiner unendlichen Erhabenheit achtet der Schöpfer auf die Niedrigkeit des kleinen Erdlings und versteht es meisterhaft, diesen zu ermutigen und zielgewiss zu führen. Wieder zeigt sich der Psalmist als hervorragender Kenner der an ihn tradierten Theologie der Heiligen Schrift seines Volkes. Gekonnt stützt er sich auf die erhabene Verkündigung des Propheten Jesaja in Kapitel 57, Vers 15:

„Denn so spricht der Hohe und Erhabene, er wohnt in Ewigkeit, sein Name ist Der Heilige: Als Heiliger wohne ich in der Höhe, aber ich bin auch bei dem Zerschlagenen und dem im Geist Niedrigen, um den Geist der Niedrigen wieder aufleben zu lassen und das Herz der Zerschlagenen neu zu beleben.“

Wie oft hat König David inmitten bitterer Zerschlagenheit und menschlicher Erniedrigung durch Feindeshand die Nähe seines Gottes und dessen wiederbelebende Ermutigung und Ausrichtung erlebt: „Auch wenn ich gehe im finsteren Tal, ich fürchte kein Unheil; denn du bist bei mir, dein Stock und dein Stab, sie trösten mich" (Psalm 23, Vers 4).

So weiß David auch in diesem Psalm seine Hörer und Leser für sein Anliegen zu gewinnen. In Vers 7 beteuert er in kraftvoll-ermutigenden Worten die sich wiederholende Grunderfahrung seines turbulenten Lebens: „Muss ich auch gehen inmitten der Drangsal, du erhältst mich am Leben trotz der Wut meiner Feinde. Du streckst deine Hand aus, deine Rechte hilft mir."

Solche unvergesslichen, spirituellen Momente seines Lebens ergießen sich in Psalmensprache in einem tiefen Vertrauensverhältnis eines Erdenbürgers gegenüber seinem unsichtbaren Schöpfer! Der stets gegenwärtige Rückblick und Hinblick auf die nie nachlassende Nähe seines Gottes ermutigt und vergewissert den Lobpreisenden, einer gelingenden Zukunft entgegenzublicken. David erkennt erleuchtet den Lebensplan seines großen Gottes mit ihm. Dieser Gott ist kein Gelegenheits-Gott der vorübergehenden Einmal-Erfahrungen, dieser erhabene Gott *arbeitet* planvoll und zukunftsorientiert mit den ihm vertrauenden Menschen. Er ist unübersehbar der gleiche, verlässliche Gott, der sich ihm von seiner frühesten Hirtentätigkeit in Betlehem über seine militärischen Siege als König in Jerusalem bis zu seiner derzeitigen, umfassenden Regentschaft über das erweiterte Königreich Israel und Judäa geoffenbart hat. Dieser transzendente Gott der Väter und Mütter steht für Verlässlichkeit.

Dieser Gott steht für Vertrauenswürdigkeit. Dieser Gott steht für ungebrochene Begleitung in Höhen und Tiefen. Dieser Gott greift ein in das Schicksal und die Berufung seiner Erdenbürger. Dieser Gott wirkt und bewirkt ein vollkommenes Werk, ein vollendetes Leben eines jeden seiner Kinder auf Erden. Diesen Gott bittet der Dichter um unablässige *Einmischung*, um nie aufhörende Gestaltung seines Erdendaseins. Abschließend sei ein weiteres *kongeniales* Zitat aus dem großen Prophetenschatz der Tora Israels bemüht, das wie kein anderes Prophetenwort der Zukunftsgewissheit des Psalmenbeters vorzüglich entspricht. Der Prophet Jeremia beteuert den im bitteren Babylonischen Exil befindlichen, jüdischen Geschwistern in ergreifend mutmachenden Worten:

„Denn ich, ich kenne die Gedanken, die ich für euch denke – Spruch des HERRN –, Gedanken des Heils und nicht des Unheils; denn ich will euch eine Zukunft und eine Hoffnung geben. Ihr werdet mich anrufen, ihr werdet kommen und zu mir beten und ich werde euch erhören. Ihr werdet mich suchen und ihr werdet mich finden, wenn ihr nach mir fragt von ganzem Herzen" (Jeremia, Kapitel 29, Verse 11 bis 13).

Suchen wir, fragen wir von ganzem Herzen und finden wir den Gott der Schöpfung, den Gott in der Mitte unseres Seins.

139
Leben in Gottes Allgegenwart

Leben in Gottes Allgegenwart

1 Für den Chormeister. Von David. Ein Psalm. HERR,
du hast mich erforscht und kennst mich. **2** Ob ich
sitze oder stehe, du kennst es. Du durchschaust meine
Gedanken von fern. **3** Ob ich gehe oder ruhe, du hast
es gemessen. Du bist vertraut mit all meinen Wegen.
4 Ja, noch nicht ist das Wort auf meiner Zunge, siehe,
HERR, da hast du es schon völlig erkannt. **5** Von hinten
und von vorn hast du mich umschlossen, hast auf
mich deine Hand gelegt. **6** Zu wunderbar ist für mich
dieses Wissen, zu hoch, ich kann es nicht begreifen.
7 Wohin kann ich gehen vor deinem Geist, wohin vor
deinem Angesicht fliehen? **8** Wenn ich hinaufstiege
zum Himmel – dort bist du; wenn ich mich lagerte
in der Unterwelt – siehe, da bist du. **9** Nähme ich die
Flügel des Morgenrots, ließe ich mich nieder am Ende
des Meeres, **10** auch dort würde deine Hand mich
leiten und deine Rechte mich ergreifen. **11** Würde ich
sagen: Finsternis soll mich verschlingen und das Licht
um mich soll Nacht sein! **12** Auch die Finsternis ist
nicht finster vor dir, die Nacht leuchtet wie der Tag,
wie das Licht wird die Finsternis. **13** Du selbst hast
mein Innerstes geschaffen, hast mich gewoben im
Schoß meiner Mutter. **14** Ich danke dir, dass ich so
staunenswert und wunderbar gestaltet bin. Ich weiß

es genau: Wunderbar sind deine Werke. **15** Dir waren
meine Glieder nicht verborgen,/ als ich gemacht wurde
im Verborgenen, gewirkt in den Tiefen der Erde. **16** Als
ich noch gestaltlos war, sahen mich bereits deine
Augen. In deinem Buch sind sie alle verzeichnet: die
Tage, die schon geformt waren, als noch keiner von
ihnen da war. **17** Wie kostbar sind mir deine Gedanken,
Gott! Wie gewaltig ist ihre Summe! **18** Wollte ich sie
zählen, sie sind zahlreicher als der Sand. Ich erwache
und noch immer bin ich bei dir. **19** Wolltest du, Gott,
doch den Frevler töten! Ihr blutgierigen Menschen,
weicht von mir! **20** Sie nennen dich in böser Absicht,
deine Feinde missbrauchen deinen Namen. **21** Sollen
mir nicht verhasst sein, HERR, die dich hassen, soll ich
die nicht verabscheuen, die sich gegen dich erheben?
22 Ganz und gar sind sie mir verhasst, auch mir
wurden sie zu Feinden. **23** Erforsche mich, Gott, und
erkenne mein Herz, prüfe mich und erkenne meine
Gedanken! **24** Sieh doch, ob ich auf dem Weg der
Götzen bin, leite mich auf dem Weg der Ewigkeit!

Der 139. Psalm aus der großen Sammlung der davidischen Loblieder auf seinen Schöpfergott ist ein Lied voller Hingabe des Beters an seinen ihn durchschauenden und komplett durchdringenden Gott. Welch bittere Vereinsamung, welch bittere Isolation und innere Haltlosigkeit muss der Psalmist in seinen vielen Verfolgungs- und Bedrängungserfahrungen erlitten haben, um sich seiner brennenden Sehnsucht nach dem ewig präsenten und ewig begleitenden Gott bewusst zu werden? Der in dieses neue Bewusstsein und in die neue Gegenwartskraft des lebendigen und belebenden Gottes erwachte Dichter kann seinen Enthusiasmus über die stabile und stabilisierende, spirituelle Grundlage seines irdischen Daseins kaum in adäquaten Worten ausdrücken. Er ruft mit überschäumender Dankbarkeit und Herzensfreude seinen Hörern und Lesern seine neu gewonnene Beschirmung und Behütung zu. Er hat den innigst gesuchten, ihn umfassenden und erkennenden Gott der universellen Anwesenheit gefunden. Zu uns spricht kein kühler Rationalist, kein rational konzipierender Denker Gottes, der *der vernünftigen Gottesbeweise* bedarf. Zu uns spricht ein in seinem suchenden Herzen Gott gefunden-habender Freund und Partner Gottes. Voll demütiger Ergriffenheit beteuert dieser Freund Gottes sein Glück, seine überbordende Freude in der unumstößlich gewonnenen Gewissheit, von seinem Gott der Freundschaft und Partnerschaft wortlos verstanden und intuitiv geführt zu werden. In welch große seelische Errungenschaft seines unsichtbaren, doch mächtigen Inneren lässt uns der beredte Herzerfüllte Beter hineinblicken? Früher empfand er die Allgegenwart seiner persönlichen als auch national-kollektiven, ihn erbarmungslos bekämpfenden Feinde als erdrückend und unerträglich. So spürt er nunmehr antithetisch die immense Erleichterung und Erbauung in der Allgegenwart und Allbehütung seines tief erlebbaren Gottes der persönlichen Führung und Lebensgestaltung. Mit den für ihn typischen expressiven Worten: „Zu wunderbar ist für mich dieses Wissen, zu hoch, ich kann es nicht begreifen", versichert der Dichter, dass ein kognitives Erfassen und Durchdringen des Mysteriums der behütenden Gegenwart Gottes weder in seiner Kompetenz noch in der Kompetenz irgendeines anderen Menschen liegt. Der wortgewaltige Dichter versteigt sich zur axiomatischen Feststellung der Unentrinnbarkeit der Omnipräsenz des allumfassenden Gottes. Sein ihn ergreifender und begreifender Gott erfasst die gesamte Erde. Er ist nicht der distanzierte Meister seiner Schöpfung. Er ist der ewig bleibende und ewig wirkende Grund und Garant Seiner eigenen materiellen irdischen Welt. Diesem schöpferischen Ursprung und Urheber Seines Universums geziemt es sich, mit Dankbarkeit und tiefstem Staunen zu begegnen. Das hebräische Original des in Vers 14 benutzten Begriffs der Dankbarkeit lautet ODE-CHA und entspricht dem innersten Wesenskern des jüdischen Daseins. Das Wort *Jude/ Jüdin* impliziert den in seiner grundlegenden Lebenshaltung dankbaren, seinem

Erschaffer Dank sagenden Menschen. Die göttliche Vorausschau des gesamten irdischen Wirkens des Dichters, von seiner Geburt bis zu seinem Ableben auf Erden und der Rückkehr zu seinem überirdischen Ursprung, spendet ihm nicht nur verlässliche Begleitung und Betreuung, sondern die beglückende Erfahrung der kreativen Kooperation mit einem absichtsvollen Gott. Er ist ein Gott der unvergänglichen Verbundenheit, der ihn zielgerichtet auf Erden gestellt hat, um mit Ihm gemeinsam irdische Vorhaben umzusetzen, die seiner persönlichen Reifung und Vervollkommnung dienen. Der in den Versen 19 bis 21 angestimmte, harsche Ton der Feindesverwünschung entspringt der Empörung und dem *heiligen Zorn* des Dichters. Ihm werden die besserwisserischen, überheblichen, irdischen Kleingeister, die sich unberechtigt dünken, eitle Macht und dominierendes Wissen zu besitzen, gewahr. Diese Unverbesserlichen erlebt David als unbelehrbare Provokateure, als ewige Störenfriede der großen kosmischen Ordnung, mit der Gott diese Welt belehren und beschenken möchte. In leidenschaftlicher Erregung, eingebettet in einen vertrauensvollen Drang nach Erneuerung und Heilung auf Erden, bittet der Beter seinen Gott, sich dieser unbelehrbaren Rebellen anzunehmen und als oberste Instanz auf Erden zu tilgen. Der Beter fühlt sich weder berechtigt noch berufen, diese als Frevler bezeichneten Unverbesserlichen auszulöschen, sondern nur der Schöpfer aller Geschöpfe darf dieses Urteil vollstrecken. Mit sehnsuchtsvoll appellierenden

Ausdrücken: „Erforsche [,] erkenne [,] prüfe [,] erkenne [,] [S]ieh [,] leite", erfleht der Psalmen-Virtuose von seinem Partner-Gott, ihn in Seine göttlich überragende Weisheit und Gedankenwelt fortwährend einzuweisen, um ihn zu einem spirituell gelingenden Leben auf Erden zu befähigen. Der Psalmist weiß, dass er noch lange nicht genug weiß, um mit seinem Gott seinen umfassenden Lebensplan zu verwirklichen. Er bittet folglich seinen Schöpfer um weitere Belehrung, um weitere Einweisung und Unterweisung in die göttlichen Geheimnisse der Schöpfung. Er erkennt zutiefst, dass sein irdisches Leben nicht mit seinem irdischen Tod enden wird, sondern unsterblichen Ewigkeitscharakter besitzt. Er möchte über sein irdisches Leben hinaus in diese ihn herausfordernde Lebensdimension geführt werden. Das von Gott ihm zugewiesene irdische Leben, in enger Anbindung an Gottes weiser, wegweisender Gegenwart gelebt, wird ihn in diese andere, ewige Dimension unbeschwert hineingleiten lassen.

145

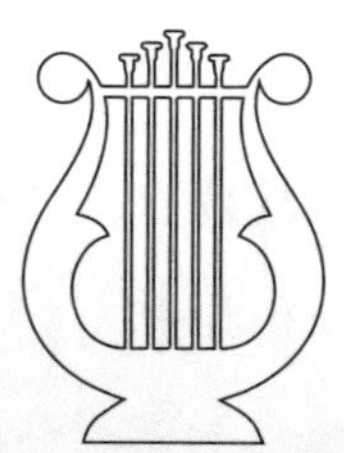

Ewiger und universaler Lobpreis der Königsherrschaft Gottes

Ewiger und universaler Lobpreis der Königsherrschaft Gottes

1 Ein Loblied Davids. Ich will dich erheben, meinen
Gott und König, ich will deinen Namen preisen auf
immer und ewig. **2** Jeden Tag will ich dich preisen
und deinen Namen loben auf immer und ewig. **3** Groß
ist der HERR und hoch zu loben, unerforschlich ist
seine Größe. **4** Geschlecht um Geschlecht rühme
deine Werke, deine machtvollen Taten sollen sie
künden. **5** Den herrlichen Glanz deiner Hoheit und
deine Wundertaten will ich besingen. **6** Von der
Macht deiner Furcht erregenden Taten sollen sie
reden, von deinen Großtaten will ich erzählen. **7** Sie
sollen die Erinnerung an deine große Güte wecken
und über deine Gerechtigkeit jubeln. **8** Der HERR
ist gnädig und barmherzig, langmütig und reich an
Huld. **9** Der HERR ist gut zu allen, sein Erbarmen
waltet über all seinen Werken. **10** Danken sollen dir,
HERR, all deine Werke, deine Frommen sollen dich
preisen. **11** Von der Herrlichkeit deines Königtums
sollen sie reden, von deiner Macht sollen sie sprechen,
12 um den Menschen bekannt zu machen seine
machtvollen Taten und die glanzvolle Herrlichkeit
seines Königtums. **13** Dein Königtum ist ein Königtum

aller Zeiten, von Geschlecht zu Geschlecht währt
deine Herrschaft. **14** Der Herr stützt alle, die fallen, er
richtet alle auf, die gebeugt sind. **15** Alle Augen warten
auf dich und du gibst ihnen ihre Speise zur rechten
Zeit. **16** Du tust deine Hand auf und sättigst alles,
was lebt, mit Wohlgefallen. **17** Gerecht ist der Herr
auf all seinen Wegen und getreu in all seinen Werken.
18 Nahe ist der Herr allen, die ihn rufen, allen, die ihn
aufrichtig rufen. **19** Denen, die ihn fürchten, erweist
er Wohlgefallen, ihr Schreien hört er und rettet sie.
20 Der Herr behütet alle, die ihn lieben, doch alle
Frevler vernichtet er. **21** Das Lob des Herrn spreche
mein Mund,/ alles Fleisch preise seinen heiligen
Namen auf immer und ewig!

König David, Regent in Jerusalem, ist in die Weltgeschichte als beispielloser Dichter und Musiker eingegangen. Von frühester Jugend an war der von Gott zum ersten Kämpfer für und Herrscher über ganz Israel und Judäa bestimmte Hirtenjunge aus Betlehem ein nach Gottes Ideal geprägter *Arbeiter im Weinberg des Schöpfers.* Allzu häufig drängt sich dem Leser der Heiligen Schrift die brennende Frage auf, welche Voraussetzung den Jüngling aus Judäa prädestinierte, eine dermaßen reiche religiös-spirituelle Beziehung mit Gott zu führen. Wenn man als neugieriger Leser die Fülle der in der Bibel dokumentierten Erfahrungen im Leben des engagierten Patrioten liest, beobachtet man einen unverkennbaren Charakterzug. Dieser Mann lebt sein brisantes Außenleben aus einer unerschöpflich reichen, spirituellen Innenwelt. Sein gesamtes äußeres Auftreten ist geprägt von der aus seiner reichen Innenwelt sprudelnden Bewusstheit der Gegenwart des ihn ansprechenden Schöpfers. Dabei ist es einerlei, ob er mit kleinen Aufgaben betraut ist oder sich riskanten Unternehmungen ausgesetzt sieht. Stets unternimmt der berühmteste Sohn Betlehems einen Sprung aus dem Innenleben ins Außenleben. Dieser mutige *leap of faith*, dieser kühne Sprung aus der inneren Verbundenheit mit seinem lebendigen Ursprung, macht diesen Mann des Glaubens so glaubhaft und glaubwürdig. Selbst nach bitteren Momenten geistiger Verirrung und Verwirrung, die ihn zu den wenigen Sünden seines Lebens verführten, weiß er sich unumwunden korrekturfähig und radikal umkehrwillig. Der *Hirte seines Volkes* hat ein zutiefst tragfähiges Glaubensfundament, einen dynamischen, inneren Wegweiser, der ihn gleich einem spirituellen Kompass durch das Leben führt. Infolge seiner stabilen, stetig wachsenden Gottesbeziehung erblickt der *Ritter Gottes* den Schöpfer seines Daseins in jeder nur erdenklichen, äußeren Situation. Stets ist für ihn das äußere Geschehen die Verwirklichung eines inneren Auftrags. Sein durchgängiges Lebensthema ist, seiner inneren Stimme zu gehorchen und diese durch folgerichtige Handlungen auszudrücken. Es nimmt daher nicht wunder, dass es zu Davids *Grundgefühl des Lebens* geworden ist, die *spirituelle Atem-Beziehung* zu seinem Schöpfer durch natürliches, ungezwungenes Loben und Danken mitzuteilen – mit anderen zu teilen. Eine der schillerndsten, poetisch-theologischen *Miteilungen* des weisen Dichters ist Psalm 145. Seit der Entstehung jüdisch-synagogaler Liturgie wird dieser feierliche Hymnus dreimal täglich von gläubigen Juden andächtig rezitiert. Der Psalm ist eine einzigartige große Proklamation des Einen Gottes des Universums, der es unentwegt verdient, durch die Erdenmenschen für Seine Treue und stete Versorgung besungen zu werden. In der hebräischen Ursprache wird mit Hilfe der Buchstaben des hebräischen Alphabets analog Psalm 119 ein großer, sprachlich umspannender Bogen der Danksagung formuliert. Jeder Vers des Psalms beginnt mit einem fortlaufenden Buchstaben des hebräischen Alphabets und artikuliert mit der Totalität der Sprache die Totalität der Hingabe des Menschen an seinen Schöpfer. Während der Psalmist in den ersten beiden Sätzen sich und sein persönliches Lobeswort in den Vordergrund stellt, so betont er im dritten Satz axiomatisch die allmenschliche Lobenspflicht des Gottes der Schöpfung. Ab dem vierten Satz wird die gesamte Menschheit dazu aufgerufen, dem natürlichen Drang zu gehorchen, den großen Schöpfer mit je eigenen Worten zu preisen. Der Dichter appelliert in jedem Vers an alle Erdenkinder, dem Schöpfer für dessen unaufhörliche Liebeshandlungen mit Lob nahe zu kommen, abgesehen von Vers 5 und dem Schlussvers 21. Der weise König David verwendet vor seinen zu belehrenden Hörern und Lesern eine ermahnende Rhetorik, die derjenigen der großen Propheten der Tora nahekommt. Er dürstet danach, die unendlichen Wohltaten des obersten *Hausherrn* Seinen Erdenkindern vor Augen zu halten, weil sie zu leicht Gefahr laufen, diese als selbstverständlich und somit unbedeutend zu betrachten. Vers um Vers hebt der leidenschaftliche Dichter das unablässige Engagement des Schöpfers im Dienste seiner Erdenbürger hervor. Gott ist sehr daran gelegen, alle Geschöpfe mittels Seiner konstruktiv-kreativen *Einmischung*, Seiner dauerhaft-fürsorglichen Präsenz aus deren Selbstgefälligkeit und Selbstsucht wachzurütteln. Kein Mensch vermag aus eigenem, größenwahnsinnigen Denken und eigener, imaginierter Macht sich selbst im Leben auf Erden zu erhalten. Der Mensch ist von Gott als Beziehungsperson geschaffen, als von Gott abhängiges Wesen, das Seiner steten Hilfe und Führung im Leben bedarf. Die gesamte Schöpfung – Tiere, Pflanzen und Menschen – wird als ein wechselseitig abhängiges Lebenssystem beschrieben, das der Schöpfer permanent im Auge behält und am Leben erhält. Der Psalmendichter verherrlicht einen Schöpfer, der durch *machtvolle Wundertaten* Seine Welt regiert. Der unbegreifliche Schöpfer vollbringt vor den Augen seiner Kinder auf täglicher Basis unergründliche, dem Leben dienende Leistungen auf geistlicher wie auf materieller Ebene. Er kontrolliert und harmonisiert die vielfältigen Abläufe aller existenziellen Vorgänge. Er ist die unsichtbar lenkende Hand hinter allen Lebensäußerungen. Der Leser wird bei diesen Gedanken an Albert Einsteins Lebensmaxime erinnert: „Es gibt zwei Arten, sein Leben zu leben: entweder so, als wäre nichts ein Wunder, oder so, als wäre alles ein Wunder. Ich glaube an Letzteres."

Der betende Prediger betont, wie sehr es dem denkenden, beobachtenden und schlussfolgernden Menschenkind zur eigenen Ehre und persönlichen Größe gereicht, den Schöpfer als universellen Wohltäter des Universums zu erkennen. Der den *schöpferischen Schöpfer* unverfälscht erkennende Erdenmensch erkennt zugleich seine eigene schöpferische Kraft. Der Schöpfer stattet ihn täglich neu mit dieser immensen Gabe aus, die er nutzbringend dem irdischen Gemeinschaftswohl zu Diensten umzusetzen berufen ist. Nur derjenige

Mensch, der in der Lage ist, Gott als den Urschöpfer zu würdigen, wird seine eigene schöpferische Kraft als Geschenk und Gabe würdigen und konstruktiv anwenden. Der Psalm endet mit einem crescendohaften Aufruf an alles *Fleisch*, unablässig den Herrn der Schöpfung zu loben und Seinen erhabenen Namen in allen Etappen des Lebens rühmend zu nennen. Das hebräische Grundwort für Fleisch BASSAR ist eng verknüpft mit dem hebräischen Wort BESSORA, welches *Botschaft* oder *Verkündigung* bedeutet. Der sprachliche Zusammenhang will ausdrücken: Jedes aus Fleisch und Blut bestehende Wesen trägt in sich inhärent den Auftrag, Gott den Schöpfer zu verbreiten und zu verkündigen. Zur Abrundung seien die großen, lobenden Worte einer Frau im biblischen Israel zitiert, um die tiefe Verbundenheit aller biblischen Gottespreiser und Gottespreiserinnen zu demonstrieren. Chana, die Mutter des Propheten Samuel, welcher den jungen Hirten David zum König über Israel in Betlehem salbte, schrieb biblische Geschichte mit ihrem ersten Magnifikat. Gleich dem gesalbten Regenten ihrer geliebten jüdischen Heimat, den sie übrigens am Ende ihres Psalms um Segen bittend benennt, preist auch sie *aus vollem Munde* den Gott der unbegrenzten Wundertaten. Alle einsichtswilligen Menschen möchte sie wie der Psalmist David für diesen Gott gewinnen, damit diese die Fülle Gottes erleben und nicht an ihrer eigenen Herzensverhärtung verenden:

1 Mein Herz ist voll Freude über den HERRN, erhöht
ist meine Macht durch den HERRN. Weit öffnet sich
mein Mund gegen meine Feinde; denn ich freue mich
über deine Hilfe. **2** Keiner ist heilig wie der HERR;
denn außer dir ist keiner; keiner ist ein Fels wie unser
Gott. **3** Redet nicht immer vermessen, kein freches
Wort komme aus eurem Mund; denn der HERR ist
ein wissender Gott und bei ihm werden die Taten
geprüft. **4** Der Bogen der Helden wird zerbrochen, die
Wankenden aber gürten sich mit Kraft. **5** Die Satten
verdingen sich um Brot und die Hungrigen gibt es nicht
mehr. Die Unfruchtbare bekommt sieben Kinder und
die Kinderreiche welkt dahin. **6** Der HERR macht tot
und lebendig, er führt zum Totenreich hinab und führt
auch herauf. **7** Der HERR macht arm und macht reich,
er erniedrigt und er erhöht. **8** Den Schwachen hebt er
empor aus dem Staub und erhöht den Armen, der im
Schmutz liegt; er gibt ihm einen Sitz bei den Edlen,
einen Ehrenplatz weist er ihm zu. Ja, dem HERRN
gehören die Pfeiler der Erde; auf sie hat er den Erdkreis
gegründet. **9** Er behütet die Schritte seiner Frommen,
doch die Frevler verstummen in der Finsternis; denn
der Mensch ist nicht stark aus eigener Kraft. **10** Wer
gegen den HERRN streitet, wird zerbrechen; über ihn
lässt er es am Himmel donnern. Der HERR hält Gericht
bis an die Grenzen der Erde. Seinem König gebe er
Kraft und erhöhe die Macht seines Gesalbten (Erstes
Buch Samuel, Kapitel 2, Verse 1 bis 10).

Der Autor

Dr. Yuval Lapide ist der Sohn der bekannten und bahnbrechenden jüdischen Bibelgelehrten Pinchas und Ruth Lapide. Er ist im Heiligen Land geboren und wirkt seit zwei Jahrzehnten europaweit als professioneller und passionierter jüdischer Bibel- und Judentumskenner für einen jüdisch-christlichen Dialog. Sein Engagement versteht er als Brückenbau zwischen Orient und Okzident sowie zwischen Mutterreligion Judentum und Tochterreligion Christentum.